Tanbou Liberasyon / Tambour de la Libération / Drum of Liberation

Powèm chwazi / Poèmes choisis / Selected poems of Frantz "Kiki" Wainwright

Trilingual Press: PO Box 391206,
Cambridge, MA 02139
E-mail: trilingualpress@tanbou.com
Tel. 617-331-2269

Composition typographique:
David Henry, www.davidphenry.com

English editing: Jack Hirschman & Jill Netchinsky
French and Haitian editing: Tontongi

ISBN 13: 978-1-936431-29-8
ISBN 10: 1-936431-29-7
Library of Congress Control Number: 2016953064

Premye edisyon / Première édition / First edition:
Oktòb / Octobre / October / 2016

Tanbou Liberasyon

*

Tambour de la Libération

*

Drum of Liberation

Powèm chwazi
Poèmes choisis
Selected poems

Kiki Wainwright

Trilingual Press, Cambridge, Massachusetts

Lòt liv menm otè a pibliye
Autres livres du même auteur
Other books by the same author

An kreyòl

Pikliz : Pwezi, Miami, Koleksyon Koukouy, 1988.
Zepon File : Pwezi, Miami, Éditions à Contre-Courant, 1994.
Bonifas ak Malefis : Kont Kreyòl, Miami, Edisyon Mapou, Koleksyon Koukouy, 1999.
Nan Tan Malouk : Istwakont ak Pwezi, Coconut Creek, Florida, Educa Vision, 2003.
Siloyiz : Istwakout ak Pwezi, Coconut Creek, Florida, Educa Vision, Koleksyon Koukouy 2009.
Lomeyans Pou Lapèsonn : Pwezi, Coconut Creek, Florida, Educa Vision, Koleksyon Koukouy 2015.

En français

Les Sentiers de l'Aube : Poésie, Miami, Éditions à Contre-Courant, 1993.
Pages Retrouvées : Poèmes de Camille Wainwright, Présentation Kiki Wainwright, Brandon, Florida, Edisyon Koukouy, 2003.
Intempéries : Poésie, Coconut Creek, Florida, Educa Vision, 2006 Finaliste, Prix du Livre Insulaire, Ouessant 2012.
Une Vierge Singulière : Roman, Coconut Creek, Florida, Educa Vision, 2012, finaliste, Prix du Livre Insulaire, Ouessant, 2012.

Liv ki poko parèt / Unpublished books
Livres non encore publiés

Vilokan, Teyat.
Blessure, Poésie.

Liv sa a se pou
moun ki kwè
lespri yo dwe libere

*

Ce livre est dédié
à ceux qui pensent que l'esprit
doit être libéré de tout

*

This book is dedicated
to those who believe
in the liberation of the mind

K.W.

Acknowledgement

I want to thank Jack Hirschman for reviewing some of my English poems; Boadiba, for translating in English my poem "Paspò pou Paradi"; my friend Jan Mapou, and last but not least the editors of Trilingual Press Tontongi and Jill Netchinsky, and the designer David Henry.

Remerciements

Je remercie Jack Hirschman qui a passé en revue quelques-uns de mes poèmes ; Boadiba, qui a tradui en anglais, mon poème «Paspò pou Paradi»; mon ami Jan Mapou et enfin, les éditeurs de Trilingual Press, Tontongi et Jill Netchinsky. Merci également au typographe David Henry.

Remèsiman

M ap di Jack Hirschman mèsi, li te korije kèk nan powèm mwen yo ; Boadiba, ki te tradui an Angle powèm mwen an «Paspò pou Paradi»; zanmi mwen Jan Mapou epi san m pa bliye editè Trilingual Press/Près Trileng yo Tontongi ak Jill Netchinsky. M ap di tipografè David Henry mèsi tou.

Tanbou Liberasyon

Batay

Yo di n konsa fòk n aprann viv
ak mizè n ap wè toulejou
ansanm ak baf n ap pran chak jou.
Nou di non, ak yo fòk nou goumen
nou ak mizè nou fè yon sèl,
nou ak baf nou se konpayèl ;
poutan nou pa t dwe janm ansanm
nou pa gen menm tanperaman
nou pa genyen menm karaktè ;
nou se lèt ak sitwon,
nou tèlman goumen nou pa konnen sa ki pi fò
nou la toujou yo la toujou,
lè n a mouri y ap toujou la pou malmennen sa k pi piti.

Yo di n konsa fòk n aprann viv
ak mizè n ap wè toulejou
ansanm ak baf n ap pran chak jou.
Nou di non, fòk yon jou nou pot laviktwa
lè sa a ak yo n ap divòse
tout bon
lè sa a kè n va demarande
tout bon
lè sa a n a fin pa libere
tout bon.
Annatandan n ape goumen
ak tèt nou drèt, ak je kale
n ap kenbe kè nou ak de bra
ak kouraj
ak lespwa
ak lafwa.

Peyi m

Peyi m
oun tolalito
mayilò laviwonndede
toutvoumsedo
jan l pase l pase
pase bò isit
pase bò lòtbò
pa janm ka kontre
pa janm ka dakò
pa janm ka vanse.
Ideyoloji
ji sitwon nan lèt
k ap vire pyafe
nan malè malsite malere.

batanklan
klenklen
bak machann
tèt gridap dappiyan
alimèt sigarèt sirèt
bwa kochon zo devan
bobin fil san fil
pèpè jete ranmase
pran beton
pran rele
rele anmwe.

Peyi m
balenn nan ogatwa
twa fèy twa rasin
kwa digo nan kwi
pistach griye
mayi griye
nan laye
laye kongo

balenn nan badji
konviksyon bouji
limen nan van.

oun pa devan de dèyè
k ap kalbende
valkande
trennen tralalap
nan demagoji
mizèrere je pete
sèvèl san ji.

Peyi m
ay peyi m sa a
peyi m
malgre tou
malgre sa
lonbrit mwen
mare
marande
makònen
plòtonnen
anrasinen.

Pawòl pale

Je m klere kou solèy midi nan trip malere chomè
k ap boukante koutba nan koukouwouj kase moso
pou lespwa tab ranje pou manje ki pa ranje
je m klere nan lannuit lavi m.

De pye m de men m mare ak lyann lamizè
k ap makonnen lespwa m nan toubouyon
kalanmplanm tolalito yon sitiyasyon malouk
zòt mete antravè wou kabrèt bonè m pou l ka bloke
je m kale nan lannuit lavi m.

Non m se malere metye m se chomè
je m klere m ap gade lougawou gwo jounen
dyakout plen devenn ak dezagreman
kòd tou pare pou pann lespwa nan fetay kay mwen
pou l touye l yon fwa pou tout
marechal sendenden nan simityè mò vivan.

Gendefwa chen jape nou konprann li aryennafè
se revandikasyon sosyal l ap fè ;
Medò pa tout chen
mwen tou mwen wè mwen tande,
mwen tande mo k ap tripote m
anpeche m sakle plante awoze
boujonnen nan jaden Madan Toma
yon bann mo tankou ajisteman estriktirèl
mondyalizasyon neyoliberal
FMI/Bank Mondyal
privatizasyon/kolonizasyon
vreman s on espedisyon.

Mwen wè mo k ap ponpe sou kòf lestomak peyi m
konplo mo
mo konplo
mo pyèj
pou peyi tyèmonn anreleng

ki nan jwèt chen manje chen
pou poul sa gen rezon sou ravèt
olye men nan men yo bati bon chimen
k ap louvri sou boulva liberasyon.

Nou bezwen mo ki pou fè koukouwouj dèyè lakansyèl
eklate kou fedatifis ak mil koulè
ki pou klere fon falèz ki toujou nan fènwa a
pou lavi nou ka gen koulè bonè.

Nou bezwen pawòl ak aksyon k ap louvri chantye
pou kraze kannkès lamizè
pou kalme grangou ak swaf
pou leve kouray ak nanm nou disèt wotè
pou sa ki bon lan nou ka jèmen
sa ki mal la ka vole gagè.

Mo
kout tiwèl anba lang
pou pwòpte fyète
pou defann lonè
pou n sa gen respè.

Pawòl
brik pou bloke tandans konfizyon
pou n pa boukante libète ak lisans.

Fraz
kouray pou bati sitadèl.

Vèb
siman aksyon
pou beton ame konviksyon
yon zam dyanm
kont malfini ak vipè.

Rasin

Nan savann pou lavi miyò
chalè lanmou nou blayi
nan sous lespwa kalbas la fann
men anpil tounen kwi chay pa lou
dlo a koule l ale jwenn zanfan li yo
dlo a koule l ale nan rivyè
nan lanmè
lòtbò dlo
l ale jwenn rasin li yo.

Bab lavi lonje trese fè nat
pou lespwa dodomeya.

Pasyans mande sajès
sajès mande pasyans
nan savann pou lavi miyò
lanmou nou tranpe nan sous.
Fò sous pete anba mòn byen bwaze
pou lavi ka koule klè kou kristal
nan jaden *Zaka.*

Aganman pran koulè fèy
pou l manje zandolit
zandolit kache anba fèy
pou l manje marengwen
men fò lavi fleri
fò lavi ka koule nan tout sezon
menmsi kannal bouche.
Joumou pa donnen kalbas
pou l pote dlo pou li.
Nan savann pou lavi miyò
sous nou toujou ap koule
fò n pa kite l chèch
anvan jaden wouze.

Lapli nan venn pyebwa
fè branch louvri bra bay solèy
pou chante bèlte lanati
toutotan rasin marye ak filaman limyè.

Van soufle kase branch lavi
bwote fèy chèch
bwote fèy vèt toupatou
men
rasin se sous
rezon sous la se lavi
nan granbwa li mete fèy
pou bat bravo pou li.

Rasin lan zantray latè
pale pawòl pi fò pase van
pale nan silans latè
sous se rasin
rasin se sous.

Refijye

Refijye pran kanntè
kè sere dlo nan je
se pa lanmou pou lanmè
se lespwa pou demen
lanmè lanmou pou peyi yo
pi fon pase fon lanmè
pi fò pase vag lanmò
ka grav mizè mande remèd
koki lanmè danse sou dlo
lanm lanmè balanse lespwa
lespwa pou lavi miyò
lanm lanmè pote lanmò
lespwa neye nan lanmè.

Eskize m Marilou

Lòt jou nou te kouche plòtonnen anba dra,
vwa w te lou kou banbou k ap gwonde nan rara,
telefòn pran sonnen, ou mande m ki moun sou
k ap rele alè sa a, voye l ale chouchou.

Lè m fin pale mwen di w m ap sòti m gen ijans,
yon zanmi k lan traka, yon bon zanmi danfans,
ou di m gade kijan m limen dife sou ou
epi m prale san m pa tenyen l ou prèt pou fou.

Lannuit mwen met deyò m kite w tou cho m ale,
menm zetwal pa t kontan, kou yo wè m yo file.
Mwen te gen randevou, mwen se yon militan,
se sa k fè gendefwa pou ou mwen pa gen tan.

Pa fache, pa rayi m, eskize m Marilou,
pa konprann m al dèyè ti Kam osnon Michou,
lè ak yo ou kontre m, se debat n ap debat
se goumen n ap goumen pou kat la ka rebat.

Yon lòt jou m pran tèt ou, mwen di w an nou sòti,
se te yon konferans pou n al tande manti,
yon otopsi sou yon ekonomi k mouri,
ou konn kijan sa te fini toutou cheri.

Minis lan pa t gen tan pale yo fè l kouri,
pwogresis yo dèyè l pran rele chalbari,
rale pouse cheve gaye wòb chifonnen,
pòdyab ou pran kriye lè pye w yo pilonnen.

Sware a te gate nètale nou dakò,
men ou pa t konnen jan opozisyon an fò,
ou pa t konnen nonplis se mwen ki te lotè
zèb koupe sila yo anba pye pwofitè.

Sou tout wout ou pale, ou move, ou babye,
ou di m si se konsa pou vi sa a kontinye
ak mwen ou pa p rete ou san lè bat zèl ou.
Pa fache, pa rayi m, eskize m Marilou.

Lè nou rantre lakay ou ban mwen yon lòt chans,
ou benyen, ou mete rad Ev ou angangans.
Mwen pa t ko atake ti landeng pran sonnen,
nou pantan, yoùn gad lòt, men m te gen tan fennen.

Dezèdtan te pase nan pale pawòl lou.
Lè m fini mwen pa wè ni rad ni mal ni ou.
Mwen wont epi m jennen o koumatiboulout !
Men ou pa la ankò, ou kite m vre, wifout !

Jodi a m ap mande w yon dènye chans toutou,
telefòn mèt sonnen mwen pa p reponn ditou.
Lè noude plòtonnen ou pa bezwen sote,
loray te mèt gwonde, ak ou m ape rete.

Mwen se yon militan, se vre, men di m sa w vle,
tout kè mwen se pou ou, m pa ka kite w ale.
Pa fache, pa rayi m, eskize m Marilou,
ou konnen yon sèl dwèt pa manje kalalou.

(Premye me 1988)

Bravo fanm

Jodi a pèmèt mwen
di yon bouke pawòl
ki sòti nan fon kè m
pou ou fanm
pou tout fanm :
fanm kreyòl fanm Karayib
fanm toupatou fanm vanyan
o fanm !
Pandan nèf mwa nan vant
limanite ou pote,
gason simen semans
ou bay semans lavi.
Bravo fanm !

Se ou ki konn doulè
redi rele kriye
sou kabann lopital
nan oto nan lari.
Depi w kaselezo,
s on kado pou lemonn.
Se oumenm ki manman,
manman limanite.
Se ou ki bay doktè
k ap prezève lavi,
pastè predikatè
k ape preche lavi ;
ou bay ti Djo ak Mèsilya
k ape chache lavi,
minis ak prezidan
k ap kontwole peyi.
Bravo fanm !

Se ou chapant solid
poto mitan fanmi,
se oumenm pou kont ou

k ap debat ak lavi
lè papa tyovi yo
kraze rak kite sa.
Fanm soufrans
fanm lanmou
fanm kouraj
fanm fòs
fanm total.
Bravo fanm!

Fanm bite pa tonbe
fanm tonbe ki leve
fanm leve kanpe
fanm ki refize
pran kou nan men gason
fanm madan sara
fanm save
fanm ki gen fanm sou li.
Pou tout bèl kalite
ou genyen nan ou, fanm,
m ape di bravo fanm !
M ap di bravo !
Bravo fanm !

Krikrit mwen

Mwen te ba w kè m,
ou pran n
ou chifonnen n
ou chire l
epi w ale.

Ou te wè anwo m
ou pa t wè anba m.
Ou te konn anlè m
ou pa t konn pwofondè m.
Si w te rantre anndan m,
gade m
triye m
fouye m
ou ta jwenn mwen
ou ta wè fòm mwen
ou ta mezire m
ou ta konprann pwofondè m
ki pa sanble ak anlè m.

Mwen te ba w kè m,
ou pran n
ou chifonnen n
ou chire l
epi w ale

Lanvè m kache,
li pi fon pase sa je ka wè.
Pèsonn pa tande bwi
ki nan silans mwen,
pèsonn pa wè koulè pawòl
ki nan bouch mwen,
pèsonn pa konprann,
pa menm oumenm.

Tanbou Liberasyon

Mwen te ba w kè m,
ou pran n
ou chifonnen n
ou chire l
epi w ale.

Mwen pyese l,
rapyese l,
bwode l ak fil pasyans.
Ou pa konnen
ou pa t konnen
ou pa p janm konnen
engredyan ki nan nannan m.
Solèy travèse anndan m,
li rive nan zantray mwen.
Kounye la a
lonbraj mwen pa deyò,
solèy nan krikrit mwen.

Tan

Tanzantan fò nou pran tan
pou nou gade tan lontan,
analize tan prezan,
prepare pou move tan
move tan k pa p tann lontan
sanzatann sou nou l pantan.
Toutotan nou gen tan
pinnga nou pèdi tan,
paske tan pèdi
pèdi pou tout tan.

Koutchapo pou Kal Levèk*

Kal pa t ti kal gason,
non,
Kal pa t ti kal gason ;
nan pwosesyon nèg save,
Kal te mache anba de.

Se pa toulejou nou kontre
yon pè jezuit Ayisyen,
Kal se te yoùn.
Kal pa t ti kal gason,
non,
Kal pa t ti kal gason.

Epòk lontan lè papa dyab
t ap goumen ak entelektyèl,
Kal te pran egzil, l al Kanada.
Yo te louvri de bra ba li.
Se pa ti kal kal Kal te pran nan fredi Kanada,
kote l te plante konesans
ak kè kontan
ak konviksyon.

Nan Monreyal li te louvri sant kominotè,
li te plante, li te plante,
li te fè rekòt pa gwo sakit.
Li te ede ti nèg
pote lapenn chagren Ayiti, rasin yo,
nan fredi Kanada.
Li te ede ti nèg pote non Ayisyen
anwo sou tèt nechèl entènasyonal la.

Kal pa t ti kal gason,
non,
Kal pa t ti kal gason :
radyo se te pa l
jounal se te pa l
mizik se te pa l
teyoloji se te pa l.

Se pa toulejou nou kontre
yon senti nwa nan karate,
Kal se te yoùn.
Kal pa t ti kal gason,
non,
Kal pa t ti kal gason.

Kal jwenn mwayen mezanmi,
l ale anba yon lòt de :
nan pwosesyon bèl fouchèt,
tout moun bat bravo pou Kal,
manje l se te koupe dwèt.
Wifout ! Wifout ! Koumatiboulout !
Kal te tout.

Kal te pwofesè filozofi,
li pa t wè lavi menm jan ak zòt.
Li te renmen peyi l,
li te renmen pwochen l,
li te renmen malere.
Mechan ki rayi jan l te panse pa t vle wè Kal,
sou tab operasyon Kal te mouri
anvan yo te mete kouto sou li.

N ap mete chapoba,
n ap pote Kal anlè,
n ap pote l anba de
nan rara k ap bouyi
sou wout revolisyon pèp Ayisyen.

Kal pa t ti kal gason,
non,
Kal pa t ti kal gason.

(27 mas 1988)

*Karl Leveque fèt Ayiti nan lanne 1937, li mouri Monreyal, Kanada, 18 mas 1986.

Pou lavi ka tounen

Pou flè libète pa janm fennen
n ap goumen pou lavi ka tounen.
Si nou di nou lan kan pèp la vre,
fò n wete l anba pat zotobre.

Yo pa wont malgre tout krim yo fè
y ap manje bwè dòmi san remò.
Yo se gran manjè san fwa ni lwa,
y ap fè magouy pou ti krik ti krak.
Y ap naje nan pisin koripsyon,
Eksplwatasyon menm se wet chapo,
yo se gwo pacha k ap byen mennen,
patripòch ki konn pòch yo sèlman.
Pandan tan sa a malere nan ka,
trip kòde l ap kesyone lavi,
li fin pa konstate, nou pa endepandan,
se etranje k ap koud rad chire pou nou.

Yo san respè pou konstitisyon,
dwazimen menm menm se pa pale.
Ouvriye twoke kòn ak patwon,
patwon se men nan men ak leta,
leta ap pwoteje gwo chabrak,
klas ouvriyè mande regleman,
lachanm yon lòtbò nan dilatwa,
yon bann tolalito tomanto.
Pandan tan sa a malere nan ka,
trip kòde l ap kesyone lavi
li fin pa konstate, nou pa endepandan,
se etranje k ap koud rad chire pou nou.

Lomeyans pou yon fanm vanyan

M ap voye flè flanbwayan nan pye ou,
kamelya, choublak ak jasmen,
fè yon tapi repozwa
pou onore ou,
glorifye ou,
chante ou.
Andire m tande vwa w k ap pale,
k ap di pawòl moun poko janm tande,
pawòl fòs,
pawòl sakre.
Andire m tande son vwa ou
outadi melodi zanj nan syèl :

Mwen batize nan gwo solèy,
solèy dife,
cho kou dife nan bouch kanon Vètyè,
solèy si la a t ap chofe kè m.
Zetwal gwo jounen desann
klere je m tou gran
devan lòt nanchon
ki t ap gade m bouch ouvè, gaga.

Tout parenn ak marenn mwen yo,
ki te goumen
pou ban m lavi,
libète ak endepandans,
yo t ap fete.
Se te lajwa,
yo te kontan
pou te wè jan m te bèl
ak kouwòn solèy sou tèt mwen,
yon solèy nan syèl ble kou digo.
Rad mwen te sal ak san, se vre,
sant poud kanon te nan tout kò m,
men l te nòmal pou m te konsa,

mwen te bèl malgre mwen te sal.
Ala bèl mwen te bèl !
Pèp la t ap kriye,
rele viv lalibète !
Dlo nan je t ap lave lenjistis.

Andire m tande son vwa a chanje,
andire m tande vwa a k ap kriye.

Ane vini, ane ale,
rasin lendepandans pouse, fè pyebwa grandi,
branch fè lòt branch,
men fèy yo depaman konsa nan menm pyebwa a.
Konze yo taye rad trayizon mete sou sèvèl poul.
Yo derespekte m,
dechèpiye m, domaje m,
defigire m, dekonstonbre m,
avili m, imilye m,
pa wont di yo se pitit mwen.
Yo lage mwen tou mouri
nan kafou kat kabouya,
pou chen voras devore m.
Ti souf mwen sèlman k rete,
tout kò m badijonnen ak labou dezonè.
Si Defile te la
mwen konnen li ta ranmase rès mwen.

Andire m tande vwa a ki prale,
andire m tande vwa a k ap jemi.

Se pa konsa m te wè l,
se pa konsa m te vle l.
Chak kou pitit mwen yo louvri de bra pou y anbrase m,
mwen toujou pè,
m pa konn si se renmen yo renmen m twòp,
osnon si se trangle
yo vle trangle m
pou yo touye m.

Tanbou Liberasyon

Chak kou nou te kontre…

Chak kou nou te kontre,
kè m te konn sonnen pase lanjelis,
li te konn bat pi vit pase kita.

Chak kou nou te kontre,
flè te konn boujonnen sou tout chimen w,
zwazo te konn chante kote ou pase.

Chak kou nou te kontre,
pidetwal te toujou limen nan je m
bonnanj mwen te toujou pare pou l kite m.

Chak kou nou te kontre,
mwen te toujou santi
m anvi ekri pwezi,
ekri pwezi pou ou
nan tout lari,
sou tout panno kay,
pann fraz yo
sou tout lantouraj
pou tout moun konnen
ki kalite fanm sa a.

Chak fwa nou te kontre,
mwen te konn santi lavi bèl
ak koulè tablo *Laurenceau*
osnon yon penti *Lebreton*.

Chak kou nou te kontre,
mwen te konn di lanati mèsi,
e mwen toujou di l mèsi,
mèsi pou egzistans ou.

Sous mwen

Pwezi m grenpe néchèl
pou repete byen wo
yon litani ki pa p janm fini
mwen sonje ou
mwen sonje ou
eko a repete
sonje ou
sonje ou
yon chanson ki pa p janm fini
mwen renmen ou
mwen renmen ou
eko a repete
renmen ou
renmen ou
yo di dlo larivyè
konn retounen nan sous
adye lapèsonn
sous al pete anba lòt mòn
rivyè m seche tounen galèt.

Kasay

Anvan ou te kite m
ou te kase tèt
enspirasyon mwen
ou pa menm konnen
si tèt li te kase
ou lage m
mwen tonbe
janm fraz yo kase
tout mo yo gaye
pwezi m ap mache sou beki
mwen pa konn ki pòt pou m frape
pou m tounen gaya janm te ye.

Grandou a pase

Ti kap la monte, li monte monte l
ti kap la monte, li monte nan syèl.
Ti kap la vole, li vole vole l
ti kap la vole, li vole nan syèl.

Grandou a pase,
li rache zèl ti kap la,
ti kap la kasetèt desann
kou wè yon ti zwazo blese
ak kout fistibal vagabond.
Bap ! Li rale monte ankò.

Ti kap la monte, li monte monte l
ti kap la monte, li monte nan syèl.
Ti kap la vole, li vole vole l
ti kap la vole, li vole nan syèl.

Moun ki te la bat bravo,
sa k ta kwè yon ti kap bwa kòk
ta ka gen fyèl sou li konsa.

Grandou a pase,
li gwonde tankou lyon.
Ti kap la pa fremi,
zikap, zikap li monte anlè
zikap, zikap, l ap fè chimen l
zikap, zikap
li chante, li danse kou oun toutrèl.

Grandou a pase,
li rache vonvon ti kap la
ti kap la kasetèt desann,
l ale, l ale, je pa wè l ankò.
Tout moun konprann
l al kwoke nan gwo pye mango yo
nan lakou Mèt Salomon an.

Tout je anlè
tout bouch louvri
tout souf koupe
tout moun ap tann.
Bap ! Li rale monte ankò.

Ti kap la monte, li monte monte l
ti kap la monte, li monte nan syèl.
Ti kap la vole, li vole vole l
Ti kap la vole, li vole nan syèl.

Se rèl... se bravo... se eskandal...
Kounye a bagay la chofe,
diskisyon mete pye.
Sa a parèt byen move li di :
Ki dwa grandou a pou l fè sa ?
Se pwofitè, abi, enjistis.
Lòt la menm deklare :
Dekilakyèl de enjistis,
se pou ti kap la bay la a blanch,
se pi gwo kraze pi piti.

O ! O ! Ala ta salin !

Pandan diskisyon ap fèt
van an pèdi fòs, li tonbe.
Ni ti kap, ni grandou, toulede pran desann.
Moun ki te la pran soufle :
Van vini, van vini,
van vini m a ba w bonbon.
Van an vini vre...
Ti kap la monte, li monte, li monte,
grandou a monte tou, men li monte pi wo,
li voye kò l sou ti kap la
kòmsi ti kap la pa t dwe la a.
Ala ta salin !
Bon jan van, bèl solèy,
se dwa ti kap la pou l vole lib
kou wè zwazo nan syèl.

Grandou a pase,
li rache yon moso fil nan lanpatèt ti kap la,
tout moun se men lan bouch.
Ti kap la panche yon bò, grandou a fonse dèyè l.
Se lè sa a yo wè,
men gwosè yon Jilèt Chandra toutantye
ki te pandye lan ke grandou a.
Ti kap la ap tonbe,
sakad pa ka drese l,
sakad pa ka leve l.
Tout moun rete y ap tann, yo di fwa sa a se tout bon ;
Chandra pa respekte gagann gwo nèg,
alevwa pou oun ti kap bwa kòk
k ap danse kongo anba tonèl Bondye.

Ti kap la pran desann, grandou a pran dèyè l,
pye pou pye
byen move
l ap fonse
l anraje.
Yo desann… yo desann…
y ale… y ale…
Bap ! Ti kap la kasetèt monte.
men… li te gentan twò ta pou grandou a,
lapresman pou l koupe
pou l rache
pou l touye,
fè l bliye drese pinnga l,
l al teri tètanba lan mitan lari a,
yon gwo kamyon baskil ki t ap pase
kraze l anmiyèt mòso.

Zikap, zikap, ti kap la monte anlè,
zikap, zikap, ti kap la ap fè chimen l,
zikap, zikap, l ap danse kou oun toutrèl,
bon jan van, bèl solèy,
tout moun rele : Men Jistis !!!

Bèk fè

Je kale
l ap veye
zèl gaye
l ap vole.
Bèk fè sòti lan Nò
pou l al kay Palmannò,
rapas la wè manje
atoutfòs li plonje,
tèk tèk tèk tègèdèk
men kout bèk, men kout bèk.

Ti piti
tou piti
tèt bese
ba l pase,
ba li mòn plaj rivyè
ba l tè san gad dèyè,
ba l onè bon mache
sou fyète y ap krache,
tèk tèk tèk tègèdèk
men kout bèk, men kout bèk.

Men piyay
n ape bay,
men bon vyann
n ape vann,
gwo kout bèk
gwo kout zèl ;
nou tounen retay twèl,
vye ranyon k ape pann
lan lakou chita tann,
tèk tèk tèk tègèdèk
men kout bèk, men kout bèk.

Labanyè
ak zetwal
lan dèyè
pope twal,
se dola k ap pale
se grinbak k ap woule.
Pou siwo l myèl jalou,
fò n fout tou, fò n fout tou.

(Miyami 1988)

Kote n prale

Yo di m machin manke kraze ti Zèt
bò Sentàn gwo midi,
lanjelis t ap sonnen,
machin frape ti Zèt men l pa mouri,
Grann t ap veye
Ti Zèt twò jenn.
Lopital yo mennen l atoutboulin.
Dezèdtan gentan pase
Lan chache gaz koton alkòl.
Pa t gen kabann
Yo blije tann.
Lò tout bagay te fin pare,
yo pran kouran
adye wi Dan.
Se lan rale mennen vini
ak gwo mannigèt Grann Sentàn
ki fè ti Zèt pa kite sa,
ti Zèt manke mouri.

(Miyami 1988)

Kite kè w pale

Pa pale,
si pawòl ou pa gen nannan
bon gou, byen asezonnen
kòdyòm, dyòl loulou,
kite kè w pale.

Pa chante,
si chante w pa bay chèdepoul,
renmen tout bon ak libète,
kite kè w pale.

Zanmi w ape drive,
ti trip ap vale gwo trip,
ou gen kay manje kabann lajan ;
lonje men ba li,
kite kè w pale.

Ou pa pitimi san gadò,
pa kite zòt betize w, ou dyanm,
istwa w nan liv
rele sou kò w pou yo pa pran w pou senèryen.

Zòt vle met machin lavi w anpàn,
l ap mache kòmsadwa,
men y ap tann fil lespwa w kase ;
kenbe la kinnalaganach,
pa kite yo vire lòlòj ou
pou tounen yon Konze popetwèl ak kwi lan men.
Pa kite yo montre w rayisab,
pa kite yo montre w gate manje,
pa kite yo montre w koupe souf lavi.
Pita pi tris si n pa rete men ansasen yo lamenm.

Pa pale,
si pawòl ou pa pawòl revolisyon.

Lavi chen

Tout jwèt se jwèt kwochèt pa ladann,
poutan lanmò blayi kò l rèd glase
nan tiwa mal grese mòg malere byennere ;
kot zòtèy mayas glas mare ak tikèt
ap montre non san listwa sa l te ye
sa l pa t ye sa l te ka ye sa l pa p janm ye
sa li ye, gwo zòtèy bèkèkè k ap gade
figi kwòkmò k ap rale mò ki mouri
mò pale pou l pa toufe, poutan li bwachat.

Men se pa jwèt marèl pou Jizèl piye osyèl
ateri de pye devan nan lanfè Ozanfè
Bawon Lakwa bay pote kwa ap tann kwa.
Ti Jan pirat lalad bò wonn mò rèd ;
se pa twa fwa pase la ankò,
se yon fwa epi ou rete la,
lalin ak solèy sa w pito
anvan bouch louvri yo flank ou lanfè.
Se gwo gagann kout ponya magouy elastik
san lanvè san landwat san devan san dèyè ;
politik dekilakyèl toutvoumsedo
k ap bwè badijonnen brase byèl
entelèk ki marande depi sou Pon Wouj
anpasan pa Pon Bedèt rive sou Bwouklin Bridj
ki tranble anba pye san mil Ayisyen
nan deblozay Sida ki pa pè ni payen
ni pap plen pouvwa k ap paweze
san vègòy pou laglwa bèl kaliko ;
byen bwè byen manje
ak lajan fidèl enfidèl ki pa gen lerepo de lam
toutotan jistis pa p mache anba de nan pwosesyon
bèl mèvèy lanati pote pou nou.

Tout jwèt se jwèt kwochèt pa ladann,
poutan pa respè pou figi w mouche madanm

mesye dam lasosyete penyen lage,
2000 kretyen vivan ki konn Bondye pase w
tounen manje pwason nan lanmè Karayib
osnon sou bèl plaj kapitalis demeplè Laflorid,
kote pye bèl zòtèy bèl panyòl ladouskivyen
linda cubana bèl dada filang bikini
ap paweze balanse yaya, apre koki lanmè
debake l nan men imigrasyon ki dekachte l
san gan san mas ak *bienvenidas amigas*.

Si m manti di m manti,
men tonnè vyèy pete,
n ap espante toulejou nan kalfou sou lougawou,
fal chaje kokayin LSD kontrebann bann zobop,
lajounen vès kravat san tanbou zam fann fwa USA.
Se pa ti bwòs adan pou netwaye dan sal
k ap kraze lamizè yo vale san kraze,
glòt glòt glòt adye o !
Mezanmi tonnè kraze,
zam pou kraze pitit ala mamèl,
malere etidyan peyizan
k ap redi travay tè demwatye
pou salopri grandon manje boustifaye
koufini l al rann li menm kote,
menm koulè , menm sant ak sèvèl tèt li.

Yon peyi, yon listwa, yon ras, yon pèp ;
men wifout,
koumatiboulout !
Gen wout pou noutout,
men se yon sèl ki pa gen eskandal
deblozay eskonbrit ak chire pit ;
Atibon, di yo, pale yo, ya konnen,
bay zonbi manje sèl sou ti chèz pay
devan pòt peristil kay matant,
w a wè jan l ap monte desann
eskalye boumba twa fèy twa rasin

lan basen an. Bilolo !
Men se pa kaki vè doliv kokomakak
ak grinbak grenad M16 Wachintonn
ki pou kanpe rèd chèch, je chèch,
devan pòt klas matematik sinis kosinis
k ap debat fè lakobat nan sèvèl ti nèg san manje,
k ap goumen tèt kale pou l konprann
byèl sou byèl pap soupap motè lavi a.
Men se ban biwo liv pwofesè etidyan
ki pou sèl kòk chante ak amoni ;
peyizan ouvriye travayè pwoletè
ki pou sèl fòs kanpe menm kote ak inite.

Kyèt ! Koubaba !
Ti Nènè pwatrinè
san manje, san soulye, san lekòl ;
kay katon koridò kesedyo kesekwann,
labou marekaj marengwen
mouch zege sou okabine ; chen mal manje
k ap diskite nan pil fatra ak ti Nènè san lespwa
k ap mande fout tonnè,
poukisa l egziste ?

(Miyami 1994)

Li ta li tan, Natali

Li ta li tan
pou lòlòj Natali
make lè delivrans.
Natali pran kouri
dèyè lespwa,
k ap kouri dèyè lavi.
Lavi gen zèl pase lespwa,
lespwa zèl kase
ap mache bwete
bite leve
leve kanpe.
Kanpe, noutout,
pou lespwa gen zèl,
zèl pou vole pran lavi,
pote lavi pou Natali.

Silans

Mo ak fraz makònen
tankou fil ti kap bwa kòk.
M ap demakònen, demare
pou m mezire ekritay mwen
ki pèdi ekilib nan silans ou,
yon silans k on dezè
k ap fè twòp bwi nan kè m.

Dekò

Solèy ap neye
nan gwo ble
pandan l ap pann tèt li
nan fetay lanmè
lorizon blese pakanpak
san gaye toupatou
ti gout pa ti gout
dekò vin andèy
moun ap tuipe lavi
lavi ap ponn rèv
twaka rèv pa janm tèm.

Annavan

Nan rale mennen kase pou n kase kòd devenn kòde
k ap trangle bonè nou ;
nan fè tòtòt ak *Manzè Delivrans*
pou n wè si lèt lavi a va koule,
nou kontre bab pou bab k lespwa ki kache
anba sann cho recho batay pou liberasyon.

Lakou nou lan plann pou egzèsis gwo bòt yanki,
jaden nou pou yo plante move zèb
kouray nou ak tè nou an likidasyon
pou benefis kapitalis san vègòy.
Prete, lwe, bay, vann, vèb ki pou pran laretrèt
pou lespwa nou pa lan ti godèt.
Moso tè sa a, san zansèt nou,
moso tè sa a, zantray nou.

Zòt ap bay payèt ak *Jefferson,*
ak gwo bato, gwo kou yon peyi.
Zòt ap bay payèt ak gwo avyon,
ak gwo zam lou k ap krache lanmò ;
men noumenm, fò n file ti kap rezistans nan bab
grandou
bonjan van, bèl syèl, bèl solèy pou noutout.

Pawòl san zo gòj pa p trangle
pawòl ou tande nan tout lakou, nan tout lari,
nan tout koridò, nan tout faktori
kote ouvriye ap goumen pou lavi miyò,
pi gwo, lajan patwon,
pi dous, lavi patwon,
pi gwo, mizè ouvriye.

Ak ponyèt nou byen twouse, opa kanmarad,
senti kouray la mare, limyè lan tèt ;
an nou vanse nan bajou kase pou lawouze vole gagè,
pandan n ap lonje bra jounen
pou l ka fèmen baryè lannuit.

Nòt biyografik

Kiki Wainwright se yon mizisyen/konpozitè, chantè, powèt, ekriven, kontè (*story teller*), womansye, komedyen, aktè teyat, ak ansyen dansè/koregrafè nan dans fòlklò ayisyen, ki ap pèfòme depi plis pase 60 tan. Kòm powèt e ekriven, Kiki Wainwright pibliye plizyè liv an kreyòl ayisyen, franse e angle, san wetire zèv li nan plizyè antoloji nan twa lang sa yo.

Nan domèn mizik, Kiki Wainwright gen kèk *hit* mizikal tankou «23 Nèg Vanyan», «Séverine» ak «Bòs Prevo». Li te konpozitè pou gwoup «Les Shleu Shleu» ki te entèprete kèk *hit mizikal* Kiki tankou «Haiti, mon pays» ak «Haiti, Terre de soleil». Kiki se fondatè gwoup mizik rasin Ayabonmbe nan Miyami.

Kòm aktè teyat, Kiki Wainwright pase yon bon pati nan vi li ap fè teyat. Li pèfòme Ayiti, Ozetazini ak Kanada. Pami pyès teyat yo nou ka site kèk, tankou *Antigone an Kreyòl* de Felix Morisseau-Leroy, *D.P.M. Kanntè* de Jan Mapou, *Choukoun* de Bob Lapierre, ak Kiki nan wòl powèt Oswald Durand elt.

Kiki gen yon Associate Degree nan Business Management nan Manhattan Community College an 1980, e yon diplòm kòm Bachelor of Science nan Social Work nan FIU an 1988. Kiki pran retrèt li kounye a kòm anplwaye administrasyon Leta Florid. Li se Vis Prezidan Sosyete Koukouy nan Miyami. *Sosyete Koukouy* se yon mouvman literè ki derape Ayiti nan lane 1965. Li kontinye ap ekri e pibliye.

Tambour de la Libération

La lessive

Nuages gris, nuages lourds,
horizons incertains,
tonnerre qui gronde,
je dis tonnerre à qui veut l'entendre ;
je ne parle pas de toi Boisrond,
dors de ton sommeil de héro.
Bout mon sang,
se gonflent mes muscles endoloris
sous le soleil rieur,
les hourrahs de victoire se sont tus.
Les mots ont culbuté :
mutation, dégénérescence,
le printemps de l histoire
sous le crachat des dégénérés
est enfoui dans l'infamie.

Le ciel est une femme enceinte ;
l'ouragan va naître d'un dur labeur.
Le vent fait son chemin
porteur d'espoir et de justice.
La lessive doit être faite,
les linges sont trop sales.

Faut-il comme le bitume, mon nu
sous les intempéries de toutes sortes
recevoir les insultes des chiens impénitents ?
Non, la misère est déjà mon locataire,
la crainte, mon compagnon ;
non, je ne suis pas le ver
piétiné, écrasé, étalé sur la route de l'opulence ;
non, je suis fils de la patrie,
poète des opprimés,
la liberté est mon credo,
la justice, mon point de mire.

La lessive doit être faite,
les linges sont trop sales.
L'ouragan est déjà parti
son paquet de justice sur le dos,
rien ne peut l'arrêter,
pas même l'œil vigilant du géant du Nord,
pas même la poigne des sbires ;
rien ne peut l'arrêter,
même les rosiers seront dépouillés de leurs épines.
L'histoire doit faire son cours,
les fruits pour la cueillette sont mûrs,
l'heure a sonné ;
à tue-tête les opprimés
crieront victoire par monts et par vaux,
car de la muselière il ne restera qu'un souvenir,
celui de la tyrannie.

La lessive doit être faite,
les linges sont trop sales.
Les chênes tomberont,
les roseaux resteront de garde le long des fleuves.
La lessive sera faite,
la terre lavée et purifiée des insultes immondes
de l'injustice et de la honte.

L'ouragan passera, rien ne peut l'arrêter,
ce sera un spectacle inouï
quand l'ouragan passera.
La lessive sera faite te dis-je
et les linges changés.

(Miami 1993)

Chanson pour l'aube

Tricote le temps inlassablement
son ouvrage au fil des jours.
L'espoir a brodé son refrain sur les lèvres du poète,
verbe lancinant pour une aube prochaine ;
mais la politique est impitoyable :
économie, réforme agraire,
alphabétisation, justice sociale,
thèmes aux échos puissants
que ressasse et ressasse un peuple démuni de tout
mais pas de courage.

A chanté le poète pour le soleil,
pour que les nuages s'estompent,
pour que le vent ne danse plus sa danse macabre
sur les voiliers de l'exode honteux,
pour que les mains soient propres,
les esprits calmes,
le sourire franc.

Le chant s'est brisé dans le mur inattendu :
morceaux d'espoirs étalés, déchiquetés
sur le pavé uniforme décevant.
Notes lassantes dans le noir incertain,
un relent d'absurdité,
freluquets disloqués sur l'échiquier
soldats de bois la plaie verdâtre nauséabonde ;
ta main miraculeuse d'un seul coup peut la guérir,
insensé dirai-je, compte les secondes,
les secondes les heures
les heures les jours
les jours les mois les années
toute une éternité.

La chanson du poète grince
do ré mi inlassable pour la rosée rose.

Tambour de la Libération

Tâte l'aube, sourira ton vermoulu,
sourire de victoire mais guerrier sans fusil,
pomme d'adam saillante de mauvais sang caillé.
Mains calleuses, ongles d'acier
qui arrachent la corruption.

A chanté l'aube dans les rues ensoleillées,
parmi les couloirs noirs de l'incertain,
les taudis, les champs nus,
dans les cœurs meurtris par les assauts nocturnes
des brigades psychotiques.

Enfants égorgés pour le sacrifice,
lune blasée de sang
et complice impassible des gouvernements
sanguinaires ;
l'histoire compte les morts, ouble les assaillants.
Se perpétue la terreur *made overseas*
importée chez nous.

C'est pourquoi la vengeance battait son plein,
défoulement de l'heure, rendez-vous de l'histoire.
L'amour et la vengeance cheminaient côte à côte,
et les ongles arrachaient les mosaïques de
l'opulence.
A chanté l'aube et dansé,
mais le diable était là, couvert de nuit,
la rosée a disparu avant le chant du coq.

…Et les papillons de la Saint Jean
s'égarent dans les imbroglios de mon enfance.
Chantera toujours le poète sa muse ;
éclaboussée de sang la palette
dans la main de son maître repose.
La politique ne veut plus de ces chimères.
La chiourme cahin-caha cherche l'aube
d'une patience de forçat.

(Miami 1993)

Spirales

Ligotés dans les champs de l'espoir
pour comptoir multiplié
mains grosses les bras tentacules
tour et contour dans la chair et l'esprit
profondément.

Cris étouffés des poitrines creuses ; le
bouillonnement nourrit
la détermination des spectateurs bâillonés
étalés ridiculement sur la réalité masquée,
la parole suspendue dans le temps,
la vérité sur le mur encastrée,
fresque pour les générations de demain.

Les fleurs n'ont plus la couleur de l'amour
pour les opprimés du tiers et du quart monde.
L'enfant n'a plus le regard de l'innocence
il est déjà vieux avant d'avoir vécu.
Mes yeux cherchent l'Est millénaire pour digérer
l'aujourd'hui.
Se confond avec l'orage
le chant strident des cigales dans les buissons ;
passe le temps
pleuvent des tonnes de pluie
toujours taché sera bitume du sang des martyrs
mutilés.
Des plaines dévastées par l'inconcience
s'étalent langoureusement dans l'aurore brumeuse.
Le temps semble figé mais le temps n'attend pas,
nous attendons.

Des montagnes nues défient le ciel
bourgades parsemées de néant
villes pleines de rêves flétries d'illusions et de
désillusions

un pays tout entier vibre jusque dans ses fibres
l'absurdité embrasse la réalité avec un air moqueur
pour cauchemar en sous-sol
l'abîme est là en spirales infinies
sans filet voltige l'acrobate impénitent
pour accrocher la vie à pleines mains. "

(Miami 1993)

Yanvalou

Dos bas
dos bas
ondule
ondule
la houle en moi.

Caressent mes flancs frémissants
les douces vagues sonores
au crépuscule
des jours incertains.

Pénètre mes entrailles
me bouleverse
de fond en comble
la prière des prières.

Presse le pas
presse le pas
danse
danse
arrête.

Note suspendue
à mes oreilles
une merveille.

Ondule
ondule
faufile
faufile
Abobo !

(Miami 1993)

Rythmes

S'inflitre lentement
dans mes veines
la fièvre en crescendo.

Pam pam pam
le tam-tam
sur le macadam.

Kata kata
le *kata*
pour *Klèmezin Klèmèy*.

Surgissent des sons sourds,
martèle sans répit le tempo
la cadence colorée.

Voix métalliques de carnaval,
rythmes musclés dans mon moi mouvant.
Le frémissement, oh l'éjaculation,
le trémolo des notes fusionnées !

Sur le macadam
ou dans le *hounfò*
c'est la même voix.

Dans les champs dénudés,
cahutes de paille,
fabriques où l'exploitation préfabriquée
forge les parias et les rebelles,
c'est la même voix ;
le ralliement des incompris et des exploités,
c'est la même voix,
pas celle truquée blasée
des pays industrialisés,
mais celle des pays
que les touristes en quête de plaisir
ne regardent que d'un œil

à travers des lunettes teintées ;
mais celle des pays
dont les petits bourgeois locaux
écoutent les appels désespérés du peuple
d'une oreille distraite.

Aux pieds de la nuit
le soleil fait sa révérence,
panorama suspendu dans l'air saturé
de non conformisme.

Les mains fébriles sur la peau,
comme le griot,
le langage du Rada encensé.

Hommage à la vie !

Tout un peuple qu'on veut bannir,
reléguer à l'arrière-boutique.

Le poète crache son défi
à la face des bourreaux
qu'on appelle civilisateurs.

(Miami 1993)

Disssonance

Grincent les bananiers
frétillent les feuilles des manguiers
roucoulent les pigeons dans les cages
aboie un chien la queue sous le ventre
un chat noir se confond avec la nuit
se faufile et bondit comme effrayé d'un malheur prochain.

Le calme reprend son droit
glas de minuit
et soudain se réveille le silence
pa ta pa ta pa ta boum boum boum
uzis et grenades se partagent le vacarme à qui mieux mieux
pa ta pa ta pa ta boum boum boum
volent en éclats des morceaux de silence
des rêves inachevés
pa ta pa ta pa ta boum boum
voltigent aux quatre coins les bananes vertes
s'enfuient les pigeons dans la nuit incertaine
ensanglantées les tripes du chat
pendent en lambeaux au lampadaire
un bébé sanglote à tue-tête sur le cadavre de sa mère
dont le lait suinte encore des seins
le vacarme s'apaise
règne le silence

C'étaient eux
les soldats de malheur à la solde de l'élite bourgeoise
et de l'impérialisme étranger
c'étaient eux
les *Zenglendos* psychopates
destructeurs de vie envoyés du diable
la nuit complice ne pourra plus dormir
demain la rosée sera rouge
mais les rêves se redessineront.

La lutte

Nous avons brandi nos poings durs
craché notre dégoût de l'injustice et du racisme
lutté contre l'antagoniste
pour recevoir les blessures de l'impénitent.

Nous avons été violés par les gardes
à Krome Avenue et à Guantanamo
derrière les barbelés de la justice
sous les regards inquisiteurs
et les rires moqueurs des agents de l'ordre.

Nous sommes tombés face contre terre à *Fifth Avenue*
avons mordu le bitume
sous les sabots des chevaux yankees.

Nous avons été abattus
la constitution et la toge en mains.

Les bulletins du 29 novembre
ont été souillés de sang
le sang des martyrs
le sang des justes
le sang du peuple.

Nous avons subi l'affront du SIDA
bloqué et fait trembler le *Brooklyn Bridge*
arrêté le *Wall Street*
étonné le monde entier.

Nous avons vu l'Est et l'Ouest s'embrasser
avons pensé raisonné douté de l'avenir.

Nous avons essuyé l'humiliation
dans un centre d'achat cubain à Miami
une petite épicerie coréenne à Brooklyn
sur les plages blanches de la Floride.

Nous avons été fouettés en plein jour
par l'ancien colonisateur Français
sous les yeux ébahis de la foule
dans un petit marché à Pétion Ville.

Nous avons été exploités crûment
dans les fabriques où le patron est roi
et l'ouvrier bouffon.

Nous les combattants
nous les violés
nous les exploités
nous les réfugiés
nous les petits
nous devons éradiquer la plaie
revendiquer nos droits
faire face à l'ennemi
et combattre à perdre haleine.

Nous avons protesté
revendiqué
pleuré
prié
lutté
il ne nous reste plus qu'une chose à faire
lutter
lutter encore
lutter toujours.

(Miami 1993)

Lettre à un camarade

Ami
camarade mystifié
compagnon
combattant sans trophée
même mot
moulu dans le mystique de la vie
pour moi un livre ouvert
vu lu compris.

Écoute camarade
écoute le vent
le grincement des dents
et le cri des masses
même plainte
même cri d'antan
même combat
même espoir de toujours.

Te déroutent mille couleurs sur la toile en
lambeaux
et mille sons disparates sur le clavier désaccordé.
Tu es la mer houleuse
le bruit sourd des vagues contre les rochers
passent les horreurs sur l'écran de notre vie
images dialectiques se transformant
se multipliant avec le temps
mais demeure le contenu objectif
l'agonie du tiers et du quart monde.

On te dira que tout marche à souhait,
ingérence étrangère
agressions militaires ;
prenons garde camarade,
les gendarmes pullulent à travers le globe.

On te dira que tout est bien,

le massacre des noirs à Soweto
les injustices sociales en Amérique
Wall Street en cascade et jets d'eau
l'inflation
la récession
la corruption
quelle aberration !

Tes semelles trouées par les clous de la misère
laissent filtrer la boue infâme des ghettoes.
Tes poches ont des trous d'air grands comme
l'abîme
qui nous sépare de ceux d'en haut ; mais ton cœur
rempli d'espoir comme toujours
chante la rengaine des exploités et des opprimés,
leur chant traverse les océans
et les plus hautes montagnes.

Méfie-toi camarade,
les truands sont à nos trousses
car nous avons refusé de courber l'échine.

On te dira que tout est bien,
la mascarade au Nicaragua
la main basse au Panama
l'étranglement de Cuba
l'initiative pour le Bassin des Caraïbes.
Oh civilisation !

On te dira qu'un Sterling est beaucoup plus
précieux
que la vie d'un Inca au Pérou,
qu'un dollar vaut mieux que deux
tu l'auras,
tu l'auras quand ?
Quand tu auras dansé la danse des esclaves
et puis on te les reprendra.
La misère est au présent et ne change pas de temps.

Les sentiers au Pérou
toujours illuminés
pour les guerriers de l'aube.

On te dira que Washington est gagnant
que Moscou est perdant
que nous les autres sommes aussi les perdants
sans être dans la course :
nous les sans-sous
nous les sans-logis
nous les exploités
nous les réfugiés
nous les mystifiés
nous du tiers monde
nous du quart monde
ou peut-être nous qui ne sommes pas dans le *Club*
menant le monde à la baguette, faisant la pluie et le beau temps
ou peut-être nous
qui ne sommes pas des lèche-pieds en quête d'un os sous la table
ou d'un sourire du patron
ne voulant pas déplaire au patron faisant le travail du patron
non
nous sommes les amis de la Justice et du Droit,
justice pour ceux qui sont tombés en réclamant Justice,
justice pour ceux qui sont tombés en réclamant le Droit.

On te parlera du nouvel ordre mondial
mais prend garde camarade
le nouvel ordre pour nous c'est la mobilisation des masses populaires
pour la défense des normes démocratiques,
c'est la lutte de la classe ouvrière

contre les principes surranés du capitalisme
c'est l'abolition du colonialisme moderne
et l'établissement d'une société unifiée et sans
classes.

Écoute camarade
écoute le vent qui t'apporte le chant des
revendications
écoute camarade
écoute le chant des masses
écoute le battement de ton cœur
et si tu ne peux les entendre
tu n'es pas encore un révolté.

(Miami 1993)

Requête pour l'Aube

Comme toi, comme moi, comme nous
—impuissants au malheur
qui de son poids s'abat à nos pieds—
avons laissé notre espoir
dans la valise de la mésentente,
avons perdu le chemin de l'aurore
où la vie est cachée dans la feuillée,
dans le murmure du ruisseau,
dans chaque cahute de paysans bafoués.

Comme toi, comme moi, comme nous
—rêvant l'œil ouvert dans les champs de l'amour
où l'ombre se déplace sans un bruit,
où la rose se fane et renaît chaque jour—
avons laissé la ruche à la merci des truants
et le parterre aux chiens
qui y répandent leurs excréments.

Comme toi, comme moi, comme nous
—respirant l'air impur de cette politique polluée—
avons laissé la corruption nous envahir,
nous aveugler, nous les prétendues sentinelles,
nous les amants de la Justice et de la Liberté.

Comme toi, comme moi, comme nous
—égarés, meurtris par le désir,
déçus par cet enjeu,
faisant croire à chacun que le tour est joué,
tandis que le sublime côtoie le désespoir
avec un air de rien du tout—
sommes là dans l'attente d'une aube nouvelle
alors que nous les opprimés, nous les démunis,
nous les exploités, nous les bafoués
sommes en majorité
les défenseurs du Droit, de la Liberté et de la Justice.

Les poèmes qui suivent sont des extraits de mon livre Intempéries, qui a été finaliste du Prix du Livre Insulaire Ouessant 2012.

Le décor

La patience a cousu ses heures
dans les replis de son manteau
et le temps perché au clocher
s'effrite encore aux quatre vents.

Les fleurs du printemps
éparses dans le vent
se fanent au gré du temps.

La bourrasque a balayé
les couleurs vives de la toile
la pierre témoin muet
des élucubrations de l'absurde
se fige dans le temps
sur la face émaciée
masquée du présent
les séquelles du délit au cul-de-sac.

Nouveau pinceau
nouvelles couleurs
nouveau tableau
nécessaire
indispensable
pour le rendez-vous
au boulevard des lauriers.

Feux de la rampe
évoluent sur les planches
acteurs déçus
désemparés
déséquilibrés
tragi-comédie qui n'en finit plus
multiforme

multinationale
morceaux d'espoir couleurs d'aquarelle
musique syncopée
puis staccato
pour un petit bonheur
rires et pleurs
alléluia et requiem se confondent
mais pas la vie et la mort.

Pas de bonheur
quand le malheur est immense
pas de joie
quand la peine est grande
pas de hourras de victoire
pas de paix
l'impunité
chronique
voulue
acceptée.

J'ai réduit au silence
des cacophonies
sur fond disparate
pour m'accrocher au positif
mais la tempête des foules
est plus forte que le silence du poète
et je m'en vais de paroles en paroles
de pensée en pensée
à toutes les portes frapper
et je m'en vais à contre-courant
pour rejeter l'absurde
l'incohérence
et mesurer mon poème.

J'écris mon poème ton poème
sur les murs lézardés
croulants de toutes les villes

graffiti d'espoir d'amour
de lutte de résistance.

Je chante mon poème ton poème
toi drogué de misère
cloué dans le statu quo
des bouges de bidonvilles
bras dessus bras dessous
la terreur importée institutionnalisée
toi au ventre creux de midi infernal

Je danse mon poème ton poème
au rythme de ton *yanvalou* ondoyant
de ta vie miséreuse bouleversante
de ton *rara* captivant
au son de ton diapason.

Je peins mon poème ton poème
sur le bandeau rouge
ceint sur ton front de guerrier.

Je sculpte journellement mon poème ton poème
sur la pierre tombale
couvrant ton cœur glacé
toi victime statisque.

Je dis et redis mon poème ton poème
pour la pérennité de la lutte
des délaissés contre les nantis.

…À chaque génération
sa lutte ses héros sa révolution
dans mon brouillard
printemps embaumé de bouquets de rêves
d'espoir d'enfant
mon horizon les jupes de ma mère
mon univers ma jeunesse et ses bagages
douce vie doucement s'écoulait.

Le présent repas
un goûter glacé goût de rance
présent enveloppé d'une cocarde tachée de sang
sans légende
à chaque vie sa merde et ses pots-de-vin
ses rapines et son carnage
à chaque peuple sa gloire ou sa bêtise
à chaque individu son courage.

Je ne peux pas rire de toi
qui te crois dégagé des préjugés accumulés
sur les bancs feutrés de l'école bourgeoise

je ne peux pas rire de toi
qui te dis libérer tandis que les détritus
servent de point de repère à ton logis

je ne peux pas rire de toi
ni de ton sourire qui s'efforce d'être un sourire
tandis que ton cœur saigne
tandis que ton pays hurle assez

je ne peux pas rire de toi
toi avili
ridiculisé humilié
tout au long de ton histoire
et qui continues de faire la une

je ne peux pas rire de toi
sinon
ce serait rire de moi.

...Figé dans le décor le crime
nous regarde courir galoper comme un fou le temps
pour attraper les contours tranchants de la spirale
entortillée
fatiguée de se taire la terre
son chuchotement est devenu cri

et son cri charrie un air chargé des effluves du
temps.

Statu quo dans le quotidien
une mare dans le marécage
certains s'abreuvent se baignent se mirent.
Le tabou uniforme forme des robots
pour la perpétuation de refrain en cul-de-sac.
Confronter la rengaine pour analyser les enjeux
affronter le réel pour démêler l'imbroglio
les persiennes de la raison s'ouvrent
et le jour tombe à plomb sur les arcanes de la
politique.

Je me réveille parfois
avec une sensation du déjà vu
certitude qu'un autre jour s'est levé sans solution
me voici accroché sur les ailes du temps.

L'habitude est quotidienne
et nous fait franchir le rayon inconsciemment
le crachat d'hier est encore humide sur le pavé
et sera peut-être là demain
me voici accroché sur les ailes du temps.

Se gangrène la ville à force de violence
chevauche l'ambition les esprits corrompus
la pègre représente la loi
préjugé racisme fanatisme corruption
escaladent en institutions
la pagaille orchestrée
me voici accroché sur les ailes du temps.

Je touche l'aube du doigt
m'embrasse en judas le matin
me giffle jusqu'au soir le jour
l'oreiller
seul confident de l'ouragan.

…Du bizarre bazar je m'échappe
pour pénétrer dans la complexité de l'égo
yeux fermés la juxtaposition commence
le miroir se brise
mais je garde l'équilibre.

Doucement je repose
dans le brouhaha infernal coupé ça et là
d'une immobilité loquace puis
sans raison apparente je cours à perdre haleine
pour attraper les reliques du présent
je m'arrête soudain et reprends mon silence
à mon retour
plus de flux et reflux
vertical je suis dans ma mer calme
mon moi toujours dans la foule
la foule familière et tenace.

S'éreinte à décrypter les hiéroglyphes
exercice hebdomadaire pour des muscles ankylosés
des esprits réfractaires
hébétée égarée disparate la foule
cherchant l'inconnu les inconnus de l'équation.

Le coq chante sa routine de coq
le chien aboie histoire d'aboyer
l'ouvrier revendique ses droits
le patron rétorque sans coup férir sans céder
la ville danse chante marche
et marche chante danse la ville
chassé-croisé
recette pour le volcan.

Couleur son image hommage chant persistant
nostalgique épique joyeux triste s'étire le long de la
perle le sable blanc
se baigne dans les flots bleus de rêves bleus flots
bleus d'écumes blanches au soleil doré de chants

sang espoir miroir
thermomètre de mon peuple que voilà que voici
toujours danse pleure crie rêve lutte souffre meurt
et qui jamais ne dort
aimer rêver debout l'œil ouvert face au mur planté
à chaque pas
ô mon peuple que voici son cordon ombilical à la
terre
sa terre la racine dans les veines à fleur de peau
marche tombe court tombe se lève
marche tombe court tombe
marche tombe court
marche tombe
marche.

Entracte

Ce n'est plus le point de mire
la constante dans l'équation
mon œil ne cligne plus
vers la cible devenue mouvante
le temps a fait son œuvre.

Se souvenir c'est parfois souffrir mais
caprice mental
la mémoire a tout fait pour ne pas partir.

Dans le calice parfumé de ma vie
sont enfermés les vestiges du printemps
des parcelles de toi pendent encore ça et là
dans le temps qui semble se figer
peine perdue
tu es le temps
tu es l'espace.

Tu n'as jamais vu perçu
mes sourires soupirs
signes de détresse tranchant le vide
tu ne pouvais entendre comprendre
mes silences plaintifs
remparts qui ont endigué mon cœur
bruit sourd d'un cœur fragile.

Tu n'as jamais mesuré connu
l'ampleur du tumulte enfoui
si près et pourtant si loin de toi
car tes yeux ne scrutaient que ton horizon
et mon image ton image
loin de s'y dessiner
s'estompait dans ta pensée.

Le Caméléon

Toi le loup loup-garou
la plante ma plante tu l'as déflorée
et tu as laissé les épines
au gré du vent trompeur
sur le boulevard du midi
et incisé mon nombril
pour extirper le suc.

J'épie ton ombre mouvante difforme
au soleil impitoyable
se baignant dans l'eau houleuse
kaléidoscope décevant
déroutant disloqué
tantôt loup
tantôt aigle
aigle au bec d'acier
ton vol hardi déracine le chêne
ô tremble la tourterelle sur sa frêle branche !

Oiseau migrateur
sourire trompeur
caché derrière les sombreros empruntés
tu connais bien les collines les monts
les océans les rades.

Faux sourire incrusté sous le masque
tu déploies tes ailes
pas pour l'accolade
mais pour l'étranglement
toi l'araignée tu tisses la toile argentée
pour mieux attraper ta proie.

La nuit me regarde et je la regarde aussi
en comptant tes exploits
en étudiant pour mieux comprendre
le terrain miné

de fleurs
d'illusions
de désillusions
de rêves
de cauchemars.

Tu redeviens loup
l'herbe se dessèche sous tes pas
souffle fétide qui fane le muguet
bâtisseur de rêves et de mirages
nul n'est dupe de ta fausse générosité
de ton sourire.

Loup de la pleine lune
je connais ton hurlement
et le frisson qu'il engendre
ô mon rêve inachevé ! île otage en partage
que tu détiens
malgré les cris de détresse
ô mon île ! la risée de tous
et toi félin ou oiseau de proie
tu restes impavide.

Tu m'enseignes les principes de la démocratie
comme une leçon de grammaire
sur un tableau troué de balles
ta munition
ô démocratie vocable abusif !
Et je m'en vais danser
sur des charbons ardents
ta valse effrénée.

Tu me parles des droits humains
ritournelle cacophonique
mais je ne vois que du sang
misère institutionnalisée par tes laquais
mauvaises herbes dans nos jardins
mais je n'entends que des phrases

des paroles-mots
des paroles-maux
des mots pour engendrer les maux de la politique
des mots pour maintenir le statu quo.

J'ai mastiqué ta rhétorique
sans pouvoir l'avaler
je l'ai rejetée
classée dans les tiroirs de l'anachronisme
l'arrogance
l'arbitraire
provoquent la discorde
entravent le progrès
dérangent l'harmonie tant rêvée
mon poème traverse les mystères de la nuit
pour enfanter le jour.

J'ai balayé la langueur du temps
en échange d'une poignée de soleil
pour une aube nouvelle
je mesure ma verticalité
pour m'élancer d'un bond
funambule téméraire
afin d'attraper le positif
pour en faire des semences de vie
arabesque indispensable pour le devenir.

Semailles

…Les cigales ont pullulé dans les champs de l'espoir
continue la coda monotone au soleil brûlant qui
calcine la terre
a déchiré l'écran miroir la bourrasque
a jeté l'ancre l'orage dans les plaines arides
l'oiseau effarouché niche au creux de l'oubli
ailes froissées yeux hagards attendant l'incertain
le poème est accroché aux lampadaires
sanguinolents
des avenues dénudées de chants d'allégresse.

Mots décortiqués pour des paroles phrases
messages
tombant en pluie fine sur des champs arides au
soleil témoin complice
victimes aux dos voutés par la réalité.

Mots pour enfanter les phrases l'orage le torrent
jusqu'à l'éjaculation de la pensée réaliste
engrais pour fertiliser la terre fatiguée du chassé-
croisé
jeu de cache-cache
patiente nature le temps est ton maître
nous marchons avec les poings serrés dans nos
poches sans fond
pour ne pas en retour étrangler la vie.

J'ai perdu le goût des passions
la saveur des étés chauds
l'arôme des ilangs-ilangs
mais les cerfs-volants n'ont pas peur des grands
espaces
les papillons de la Saint Jean
ont disparu dans les rues de mon enfance
et les amandiers n'ont plus l'importance d'antan.

Je dénonce les idées qui banissent les cerfs-volants
les rires les rêves la mémoire et le sommeil
je plante mon poème dans les champs d'amour
je le sème dans les rizières de l'espoir.

…Je déteste l'artificiel
l'arrogance des mauvaises herbes
me bouleverse la balance penchée au bord du gouffre
je préfère le naturel
la verticalité de l'action
l'humilité de la violette
le champ d'amour de la source.

Le soleil est déjà au midi
bientôt il sera au couchant
il est encore temps pour les semailles
gare aux corbeaux.

Dans tes entrailles un volcan
sentiments hétérogènes
courant d'air incandescent
qui balaie le doute et l'appréhension
sur ton visage défiguré un rictus figé
coup de pinceau maladroit sur un tableau inachevé
sous tes pieds la peau de banane
un peu plus loin la trappe
que tes yeux ne peuvent discerner
mais à tes côtés des mains invisibles remuent
irriguent la terre pour renforcer tes racines
car la terre s'effritte et s'en va dans l'océan de l'oubli

Pour tes bras d'autres bras
pour tes pieds d'autres pieds
pour tes rêves
nos bras entrelacés
pour chanter et danser
la ronde adulte.

Note biographique

Kiki Wainwright est un musicien/compositeur, chanteur, poète, écrivain, conteur, romancier, comédien, acteur de théâtre, dramaturge et ancien danseur/ chorégraphe de danse folklorique haïtienne dont la vie artistique s'étend sur plus de 60 années. En tant que poète et écrivain, Kiki Wainwright a publié plusieurs livres en créole haïtien, français et anglais, y compris des œuvres dans plusieurs anthologies.

Dans le domaine musical, Kiki Wainwright a produit des œuvres bien connues comme «23 Nèg Vanyan», «Sévérine», et «Bòs Prevo». Il était le compositeur du fameux groupe musical «Les Shleu Shleu» qui interprétait ses tubes à succès, comme par exemple «Haïti, mon pays» et «Haïti, terre de soleil». Kiki est le fondateur du groupe racine Ayabonmbe à Miami.

Dans le domaine du théâtre, Kiki Wainwright a passé une grande partie de sa vie sur la scène. On l'a vu aux États Unis, en Haïti et au Canada dans *Antigone* en créole haïtien de Félix Morisseau-Leroy ; D.P.M. *Kanntè* de Jan Mapou ; *Reclaiming Choukoun* de Bob Lapierre avec Kiki dans le rôle du grand poète Haïtien Oswald Durand et tant d'autres pièces de théâtre.

Kiki a obtenu un *Associate Degree in Business Management at the Manhattan Community College* en 1980 et aussi un Baccalauréat en Science Social comme Travailleur Social à *FIU* en 1988. Un retraité de l'administration de l'État de Floride, Kiki est maintenant le Vice-Président de la Sosyete Koukouy à Miami, un mouvement littéraire fondé en Haïti en 1965. Il continue à écrire et à publier.

Drum of Liberation

The Blacksmith

Splash my words
upon the anvil of time,
with sparks of words
hanging on adjectives' tail,
my speech,
impatient metaphors
to tell the truth
the whole truth
and nothing but the truth.

I don't pretend to be *Ogou,*
blacksmith *par excellence*
in the Haitian Vodou religion;
but I'm trying to mold
shape
form
build an armor
to protect me against adversity
and reject the absurd.

I'm not the accused here,
they wouldn't dare
put me on the bench,
I'm a victim among millions.
The world's crooked
but I'm standing tall
despite the odds that are against me.

Soaking with tears and blood,
my poem stifled, wounded
with the exactions of the capitalists
and the imperialists' power:
here, there, everywhere around the globe,
not to forget the Middle East
where Palestinian people

have been insulted
despised
infringed
humiliated
by the so-called agents of the imperialists.

What they do to the little guy
they do to me;
what they do to the impoverished one
they do to me;
what they do to a third world country
they do to me;
because this is where I come from,
because I'm part of them,
part of the proletarian class
wherever they are.
If they step on them
they step on me too.

I'm the little guy,
a victim
a statistic.
I'm not playing the victim,
hell no,
I am one.

Little Billy's eviction from his apartment
in frigid temperatures
one week before Christmas
because of overdue rent,
while his nine-month pregnant wife
is counting days for delivery
is not fair.
I'm Billy, the little guy.

Little Joe's sinking
in a pool of debt,
he didn't eat yesterday,

his crying bowels are still begging
for food again today,
while this big shot's drinking champagne
in his private jet
on his way to Paris to have supper
is not fair.
I'm Joe, the little guy.
Please don't give me the easy answer:
Who says that life is fair!
Cliché, hackneyed,
saying it
is to accept,
to agree with the status quo.
I can neither swallow nonsense
nor digest the absurd.
I'm for the truth
the whole truth
and nothing but the truth.

I'm holding the hammer,
ready to strike the anvil,
can't escape reality
I have to mold it in my favor
I'm the blacksmith of my destiny.

This painting is a mess...

No matter how life is painted now
white over black,
red, the color of blood
or green, the hope that changes are imminent,
this painting's a mess...

No matter how the lower class
struggles in bad weather,
the big boss always has sunshine;
a bad day for him is death for others:
this painting's a mess...

No matter what the big corporations
or the G-8 say about easing foreign debts
or never-ending poverty
by adding more colors to their speeches
or changing the motif of their work,
this painting's a mess.

No matter the shape of the easel
or the brand of paint
or the type of brush they use to mask the truth,
this painting's still a mess,
a big dirty mess.
It'll stay that way
until the proletarians of the world
seize the brushes from the rulers
and make their own painting,
a more humane one,
a painting full of love and understanding,
a painting with the colors of true life.

On the way

My pathway our pathway,
I draw my tangent to this vicious circle
to find my itinerary,
risky road as far as the eye can see
that veils sparks of dawn which point on a gaping wound;
not the so much expected wanted dreamed of dawn,
ours, shelved, impounded by the henchmen
of an elitist politics.

My pathway our pathway,
in the hazy atmosphere of uncertainty,
reflection of the mirror
broken in a thousand pieces
confound the pretentious ones.
And we go here and there, groping for an answer,
backwards, the same old never ending story;
one two three and one two three, chassé, disorderly choreography,
bowlegged shaky steps,
the maze of an endless nightmare, round trip,
come and go,
turn around, ebb and flow,
never ending pathway.

But, it's the path to take with optimism,
it's also the path to take
with conviction, resolution and determination;
for victory belongs to leaders who understand
human dignity, and create new way of thinking and action.

Talking about...

Talking about the rainbow
and feeling hopeful
that the sky become watercolor,
when freezing body and mind
    in a rainstorm...

Talking about a banquet
and inviting empty bellies,
when the alarm
    goes off...

Talking about shelter
and offering warm sheets and pillows,
when wandering in treacherous streets,
    a homeless poor soul...

Talking about hugs, kisses and compassion,
when the orphan baby's face is flooded
    with tears...

But...
Talking about democracy,
human rights and self-respect...
Talking about new world order,
community of nations,
economy and peace and what have you,
while preparing and carrying on war
    as a hobby,
on the false pretense of restoring *democracy*.
It is blatant hypocrisy and typical
of those who don't practice what they preach.

Single parent

At dawn in the projects,
cutting her dreams short,
a genuine mother on her feet;
no time for complaining about low back pain.

Wake up, children; time for school!
Poor things! One, two, three pairs of puffy eyes.
Human robots half asleep
mumbling
moving in slow motion in the dim light
of a no-heat apartment in mid-winter
brushing teeth
showering
dressing.

Hurrah! Mom has a part-time job;
cereal and milk for breakfast.
This will do for today.
Tomorrow is no sure thing,
the bastard refuses to pay child support.
Eating in a flash, and time to go.

At night in the projects,
standing on her two feet,
once again facing her duty stoically:
Helping with homework,
preparing supper—if any—
ironing clothes,
braiding hair,
a full-time job for a full-time mother.
In the meantime,
running
falling
and screaming,
the brats are running the show.

Time for bed, no shoulder to lean on;
sheets and pillows are the only reward
for you, mother with a broken heart
in a broken home,
for you, mother, mainstay
of a low income family.
I bet you,
the bastard's having a sweet time, right now,
making another single parent.

The gardener

Every day
when I wake up
I plant a bit of sun
in the garden
of my existence,
and I wait patiently
to harvest the essence of life
in every season.

Lost dream

Your memory will never go away,
an indelible ink
that's there to stay forever.
Yesteryear's hanging in the air.

You have the power to make me talk;
you have the power to make me think;
you have the power to give me inspiration
in order to write poetry
and give you the praise you deserve.
What power do I have on you?

Time has passed,
I no longer have any power
to dictate my wishes to you;
if a good Samaritan
finds me on the former Lovers Road
he will pick me up,
for a wounded heart's not supposed
to wander in the street.

An open book you used to be,
your thoughts I could read,
vibration in your heart I could feel.
Now, the fire of my lamp is extinguished.
The clock of yesteryear's jammed.

Dialogue with my pillow

Last night, I spoke to my pillow,
weird, strange,
but I did.
I could've talked to my bed,
but I preferred to chat with my pillow,
it's my confidant.
I asked "How long will that nightmare last?
I wake up every morning
and the world is still in chaos,
getting worse by the day."

My pillow looked at me
and its silence spoke to me.
I realized that I was acting
with self-interest,
it's not only my nightmare,
it's our nightmare,
I have to do my part
and together we can see the light
at the end of the tunnel.
I had just discovered wisdom.

Anguish*

Hold on, soul,
hold on till dawn,
for the dark veil of the night
will soon be torn
to let the first ray of sunshine through.

Hold on, soul,
hold on till dawn,
for the pain
that grows in your entrails
won't be here forever.

Hold on, soul,
hold on till dawn,
for the anguish eroding your heart
will calm down
and dissolve like dew in the sun.
As the rainbow scares away the storm,
the nightmare will be a memory.
You'll have better times to come
and you'll burst with happiness
if not this morning,
the morning after:
it's always good morning
for those who see the cup of hope half full.
Hold on, soul,
hold on till dawn.

(November 2002)

*This poem was first published in the book *Liberation Poetry: An Anthology,* edited by Tontongi and Jill Netchinsky, Trilingual Press, Cambridge, MA, September 2011.

Conflict*

The company's for the boss,
the profit's for the boss,
the crumbs are for the workers.

The boss,
the workers,
the conflict.

The boss,
the workers,
the conflict,
the strike,
the mediation.

The company's for the boss,
the profit's for the boss,
the crumbs are for the workers.

The boss,
the workers,
the conflict,
the strike;
the mediation…the mediation…
the mediation…the mediation…the revolution.

The company's for the workers,
the profit's for the people.

*This poem was first published in the book *Liberation Poetry: An Anthology,* edited by Tontongi and Jill Netchinsky, Trilingual Press, Cambridge, MA, September 2011.

Marvelous nature

Streams, rivers, falls,
deep blue seas, seagulls and fishes
vast plains, defiant mountains,
colorful valleys
rain and wind,
ice hanging on a naked tree
on a sunny day—
O marvelous nature!

Summer, the earth is pregnant,
waiting until spring again
for the renewal of nature.
The song of the bird,
the beauty and aroma of the flower,
the silent dialogue of the trees:
    roots and roots
    branches and branches
    leaves and leaves
nature in its fullness and magnitude—

O marvelous nature!
Strong smell of the ground after the drizzle,
sunset over the big blue liquid.
Full moon over the lake,
hoarse sound of the toad on a peaceful night.
Everlasting magnificent sunrise,
celebrating life in its glory—

O marvelous nature!

Negro Spiritual

Satin dress
high heel
large hat
Miss Dior.
Jeans
tee shirt
tennis shoes,
depending on the day;
Aramis
Jacket
dark glasses
bow tie
bible,
oh yes,
faithful companion,
gear up for the service.
From Harlem to Liberty City,
from Detroit to Montgomery,
from San Francisco to New Orleans:
black song
black soul
soulful songs.

Savory notes,
peaceful or joyful
lento or allegro,
at the divine church
high is the spirit.
Cultural heritage
from motherland Africa,
sweet praise
powerful songs
an appeal to Him:
black song

black soul
soulful songs.

Nostalgic hymns
folk ballads
bad memories:
cotton field
and plantations
white water fountain
black water fountain,
white restaurant
black restaurant
back of the bus.
Sobbing voices,
low deep
or high pitch
to reach heaven;
message of love and hope,
hope to overcome adversity
in a world of diversity
and plurality:
black song
black soul
soulful songs.

A farewell

A lump in the throat
excruciating pain.
I didn't want that fateful time
to show on the clock;
but it did: 11:15 PM
Overturned my life in a second,
seeing that lifeless body on the bed.
My eyes a river flowing on my cheeks
abundantly, non-stop.

Flow river, flow,
tears of love,
tears of sadness.

Gone my better half,
gone to the unknown.
Helplessness nurses, doctors, science,
in control, the Great Architect of the Universe;
You give
You take back.

Flow river, flow,
tears of love,
tears of sadness.

Untitled

Life's a bitch a bitch life that's what it is roller coaster merry-go-round spinning rolling speeding crazy life who's in charge? What's going on, Marvin, what's going on? Destination death inevitable death no money can't stop.

    The absurd top of the chart labyrinth with inextricable thoughts faith beliefs and ambitions greed.

    Good day bad day sunny or cloudy with a chance of trouble haves and have-nots happiness unhappiness life's a bitch a bitch life that's what it is. The eyes of the day open with uncertainty and great concern. A thought meditation thinking beyond oneself a tear that tears apart our now fragile heart the remote control that controls our life the rectangle screen and again kidnapping sexual battery rape killing bombing Afghanistan Iraq Syria the big migration to Europe. Life's a bitch.

On the domestic chart,
bills on the menu:
Light bill
water bill
phone bill
college bill
hospital bill
mortgage
car payment
car repair
car insurance
bills and bills and bills
happy those with no bills
in return
life's for them not only a bitch but it's hell

a life with no life an insane life
a damn bitch life
today it's calm tomorrow it's turmoil
today a smile tomorrow a tear.
I'm telling you
life's a bitch a bitch life that's what it is,
we're doomed to live it to the fullest.

The tireless maroon

(dedicated to Paul Laraque)

Your hand held tight
the sword and the pen
ages ago,
my soldier,
my poet;
now it only holds the pen,
sharper and more accurate.

Sometimes you change your strategy,
tu étires le fistibal à longueur de bras
you stretch the fistibal*
with all your might
again and again,
but always the same target,
the same poetic momentum.
My soldier,
my poet.

Wind blowing for the rally,
bird singing freedom,
maroon, you're still running
in spite of the time.
My soldier,
my poet,
my poet maroon.

(September 1995)

*Fistibal: a Haitian Creole word meaning slingshot.

In season

Genuine beauty, still in season,
in spite of the ugliness
of a society in decline,
in spite of an unfair
uneven
unashamed
undesirable political system.

The word of honor, still in season,
in spite of twisted and hypocritical
speeches of false prophets
preaching a golden future
based on lies, scheming promises,
and exploitation of people of modest means.

Still in season is:
the struggle of the working class,
the emancipation of the proletariat
for a just and decent tomorrow.
No diversion by the gruesome game
of shameless followers of the status quo.
It is better to die rather than to accept
this human condition.

Heads or Tails

Happy the child who can read and write;
unfortunate the illiterate child.

Happy the child whose parents and relatives live in the home;
unfortunate the homeless orphan.

Happy the child with a sane mind;
unfortunate the schizophrenic child.

Happy the child with a healthy body;
unfortunate the one with a terminal cancer.

Happy the child with a genuine smile;
unfortunate the one with a nasty attitude.

Happy the child with a clean record;
unfortunate the one with a long rap sheet.

Happy the child with respect for the elderly;
unfortunate the child with no manners.

Happy the child with a heart full of love and affection;
unfortunate the child with a heart full of frustration and hatred.

Happy the child who lives in a safe and democratic country;
unfortunate the child whose country's in turmoil and was forced to migrate.

In the factory...

The boss, the worker
a disparate duo, not in harmony,
with different goals.
Profit against survival,
worker's labor, boss's profit.

In the factory,
push pull
lift load
ouch,
sweats, curses, tears.
A robot, that's what you are,
8 hours for what,
to receive crumbs from the boss's table
and make him richer?

Nervous exhaustion requires a sick day.
Angry boss:
You know you're not supposed to get sick,
this order must be ready by tomorrow.

A capitalist environment,
what can you expect?

You're brainwashed to believe
it's a family affair,
you're part of the family,
you grow with the family,
and *blah blah blah*,
dead-end job.
—Sweet talk—
The family grows,
you stay the same.

In the factory,
push pull
lift load
ouch,
sweat, curses, tears.
Like Rap Music:
Factory Rap.

An equitable society
that's what we are fighting for,
utopian maybe,
humanitarian certainly.
Function of production must be changed:
worker's sweat and time towards production;
product and worker,
two sides of a coin;
profit should be fair,
the product's the worker's labor.

In the factory,
push pull
lift load
ouch,
take it or leave it,
no,
take it and change it.

The gendarme

It's easy nowadays to be classified
as a wolf or a lamb,
a terrorist or a pacifist;
it's easy nowadays to be classified
as a rebel or a freedom fighter,
an ally or an enemy.
A happy medium is never an option,
it's up to the host to affix the label.
He's the judge and the jury,
the jailer and the executioner,
the croupier of the unfair game:
he makes the rules, and it's not for you to choose.
He's the international gendarme,
his military boots leave their prints all over the world.
He sentences and chastises.
Powerful as the thunder coming from the sky,
he strikes mercilessly.
He's not from the heavens, though,
where righteous angels come from,
he's just a passer-by, a passing earthling.

My friend, my brother

You were like a brother to me,
fond of life and young,
making plans for the future;
but we were driven apart:
society wasn't ready for your speech,
you loved freedom and justice too much,
had the guts to speak your mind,
my friend, my brother.

One day we met at last:
elation and happiness.
Then we spoke about your setbacks.
I was happy to see you again,
my friend, my brother.

We spoke about prejudice
towards minorities,
disparity and confusion,
unemployment and poverty.
We spoke about astronomical spending
for weapons,
about homelessness and despair.
I was happy to see you again,
my friend, my brother.

We spoke about justice and injustice,
the state of health of our society.
We spoke about bad dogs
greedy for bones,
about the big gap
between the rich and the have-nots.
I was happy to see you again,
my friend, my brother.

Life has reunited us again
and we are full of hope.

Our priority is of paramount importance:
the masses,
the liberation of the masses
from the yoke of capitalism.
We are walking at dawn
towards the sun,
we, the working class.
No darkness will prevail.
Tomorrow will be brighter for us,
we, the proletarians of the world.
We live now with the certitude
that a new day is right around the corner,
a new day in a new society,
a classless society
where everybody will be able to say:
my friend, my brother, my sister, my comrade.

The imprint

(dedicated to S.S.V.)

That smile hurts,
but heavy and eloquent silence
now and then cut reality
into rainbow spots
on our past
your past but
my present and my always.

Condemnation didn't take place
but separation did.
Except for a tear clinging to time,
all could have been beautiful
with the caprice of your youth

But the arrogance of words
has withered the flower
and disconcerted the song of the bird.

Pardon isn't necessary.
Only your existence counts.

Quicksand

Hey, U.S.A., what's up?
What's going on, North America?
Echoes of angry voices, waves of dissent, say,
that you're engulfed in quicksand
and don't even feel it.
I know you think it's not true,
I also know that you don't care
what the world thinks about you,
because you have it all: greatness, richness and
might,
and that gives you ideas, bad ideas.

You have it all, but
don't take it for granted, America,
you've reached the pinnacle
but, unemployment, homeless people
and crimes are skyrocketing at home.
The eyes of the world are on you, U.S.A.,
You see yourself as the leader;
however, others may see you as a trouble maker.
Aren't you tired of going around the globe,
nosing into everything and making wars?
Aren't you tired of killing innocent children
or making orphans?

Forget about domination
think about starvation,
forget about plunder
think about hunger,
forget about arrogance
think about temperance
forget about hegemony
think about harmony.
Come on, America, come out of the quicksand.
Get up, remove the mud, clean yourself off.

Dead End

At the corner of here and there
in the land of opportunity,
the needy nothingness tries
to be part of reality,
but in vain.
Mental acrobatic feat
for the one whose fate is sealed
by circumstances of life.

Little by little,
sundown turns into darkness;
expectations, hope, love, friends,
run out and run away,
which triggers despair.

At the corner of here and there,
daily routine turns into tragedy,
macabre theatre,
where to languish is the way to go for him.
Nothingness rushes in the abyss of the present,
the tongue of the sun licking his pale face,
a catch-22 situation:
whirlpool, whirlwind, gruesome absurdity
that ends up in wild imaginings of the brain.

Loss in reality,
nowhere to go, the poor soul,
degraded, wretched, wanders here and there,
begging life to terminate the status quo:

no food
no place to go
no friend
no family
no love
no smile

no laugh
no happiness
no job
no hope
no future
no political solution to end misery.
Yet, the flag reminds us of the unity,
the greatness of this country,
the good old U.S.A.

Oh, say, can you still see through your blurry eyes,
the Star-Spangled Banner
flying proudly in the sky?
You, the impoverished, the wreck,
can you still feel under your weary feet,
the land of opportunity?
Oh U.S.A., bragging to be the richest,
the greatest and the most powerful
nation in the world,
yet, the needy nothingness
trapped in a dead end life
desperately needs your help.
Can you hear the cry of despair?

Chain reaction

From the five continents,
from sea to sea
from land to land,
your hand in mine
shoulder to shoulder,
heart to heart
heart and soul;
our genuine smile lights up
like creepers of love,
in spirit and actions
intertwining among nations.
Awkward… perhaps,
utopian for sure,
but that's what is needed:
one love,
not bullets.

Passport to Paradise*

(This poem depicts the plight of the Haitian people under the regime of Papa Doc with his infamous army of "Tonton Macoutes")

Whack whack biff bam
Whack whack biff bam
Man, little Neve sure got beat up
He screamed for help
Poor kid, O God!
He's getting punched,
palmed,
kicked.
Whack whack biff bam
Whack whack biff bam.

A little one passing by
With his grandma in a hurry
Starts yelling "akout akout"
Grandma says, "Shut your mouth, boy"
Fear grabs her 2 hail marys
When they get to the corner
Grandma makes a U-turn
Saying, Wait! She's got to know
Why Macoutes are beating and smothering
A tike no bigger
Than a budding bloom
They're whirling on the tip of a baton.
She tells them: "Enough, you bullies
Bunch of the macoute army
Pick on someone your own size.
It makes no sense
Can't you see
He's without defense?
Your role is protection
Breaking and maiming is no solution."

Drum of Liberation

That's went down
Just before Grandma died.
Now on a big white cloud
Grandma sits with the tike.
"You paid a big price, St. Peter tells her,
You have courage,
you're mighty brave.
Don't worry, things will work out,
The people are rising,
They know what they want.
Forty angels are taking flight
Each with one wing red, the other blue."
Grandma asked where they were going.
"It's the vigilance brigade,
They're going down to keep watch,"
St. Peter says with a deep voice,
"This is a bunch of very very brave braves."

*Translated from Haitian Creole by Boadiba; from
 Zepon File, Kiki Wainwright 1994.

The long expectation

By dint of waiting for dawn,
I've created so many nights
which have turned into a long nightmare.
I must cut the arms and legs of the nights
to prevent them from stretching out,
so I can feel the first gleam of dawn.

Encounter

You glanced at me,
a bashful smile
reassured me.
Another glance
another smile
a blissful sigh.
The best feeling
I ever had.

Spring's song

Come, come sweet spring,
sun and love.
Sing, sing pretty bird
the spring's song.
I merge with the night,
that's what I feel,
tired of waiting for dawn.

Come, come sweet spring,
sun and love.
What happened to the beautiful roses
that we used to pick in love's field?
What happened to the turtledoves
who used to bill and coo constantly?

Come, come sweet spring,
sun and love.
When spring returns, my love,
we will go over there like we used to,
in our hiding place, where love bloomed
before the tornadoes.
Our life's in a straitjacket now,
bad guys have stolen our fireworks,
the rainbow has lost its color
and doesn't smile at us anymore.

Come, come sweet spring,
sun and love;
come my spring,
come my dawn.

Summer of love

(dedicated to T.E.)

Love was right there, on the beach.
We didn't plan a romance
but, it was the right time,
a time of exhilaration.

Burning sand, foamy waves,
you know how happy we were,
and your complicity added
to our undeniable passion.

I didn't steal that kiss, my dear,
you gave it to me; after all, I dared.
Lips on fire, trembling bodies said it all.

I saw love in your eyes,
little sparks under the sun.
What a blissful moment!

White seagulls
foamy waves
burning sand,
my secret's safe with you.

If you asked me…

If you asked me why, sometimes, we hear
the sobbing song of the bird,
instead of its joyful melody;
I would tell you that time's changed,
life's no longer a carousel, a delight;
yesterday was like a paradise
—compared to now—
until hell took over.
When did angels become demons,
when did their wings break?

If you asked me why high tide occurs so often,
I would tell you that the suffering of the
underprivileged,
has provoked streams of tears,
that transformed into rivers and oceans.
Inequality and injustice are always on the menu,
for thousands of years;
but now, a tsunami is on our shores,
every day and all the time;
tsunami of injustice, hate, violence, strife,
killing, plunder, war, genocide.
Death, death!
Sick of these letters: R.I.P.
When did angels become demons,
when did their wings break?

If you asked me what can we do,
to reverse the status quo,
I would tell you:
stand up and speak up my friend, time's now,
speak up so that the wind,
voluntary messenger
could carry your voice beyond frontiers
and meet another voice

to make one international voice
that denounces exploiters
impostors
villains
rascals
criminals
and claims justice
justice for all.

Let's stop the madness, the rage
silence is not an option;
let's stop corporate greed,
laissez faire economics is detrimental to progress;
let's stop plunder in Africa
and the third world countries,
silence is acceptance and complicity
to imperialist arrogance.
Stand up and speak up, time's now.

Let's stop the madness, the rage,
let's stop politicians fanatics
statesman fanatics
religious fanatics,
because their malicious uncontrollable actions
disturb world peace,
let's stop the madness,
let's stop the rage.

Where are the angels,
what has become of them?
Maybe there never were angels in our paradise,
but just demons in hell.
Maybe there was no paradise but just mirage.

May the wings of social justice grow strong
like never before,
to extend beyond lands and oceans,
so the angels of peace could fly again, fly,
fly free like birds in the sky.

Scream*

The body the face the look there, now,
but the mind—nil, kidnapped.
Shaping you as they wish, the suckers, the predators;
and the have-nots, brainwashed, condemned
to the inevitable apocalypse.
Frame for the décor, but you're not really there,
little one;
you're absent wherever you are.
At a quick glance one can feel the emptiness.
The cliff is obvious, very deep,
as far as the eye can see.

Scream, scream at deaf ears but scream anyway.
Who knows, a concerned soul is all ears;
maybe we can frame the sound,
or paint it, or just record it.
Listen to the message of the wind,
feel the revolution,
smell the action,
speak up!

The big shots are too busy, counting profits,
to hear the SOS
Millions and billions are climbing the chart
while hunger is gaining ground.
Can't you see?
You're a mistake in their sentence,
a sentence in their book
unfinished work.

You're not paying attention to the revolution.
Wake up, stand up, scream!
You're not on their agenda, little one,
except maybe as a guinea pig.

The wealth's huge, too much at stake:
oilmania
powermania
warmania
shame
shame
shame.

Let me hear what you have to say,
yeah, you got a big mouth.
Stop rambling and start talking revolution.
O the power of unity!
O the sound of victory!
Let me see some real action,
let me hear the thunder from your guts.

*This poem was first published in the book
Liberation Poetry: An Anthology, edited by Tontongi
and Jill Netchinsky, Trilingual Press, Cambridge,
MA, September 2011.

Hope*

On the sly, hope has packed
all his bags and just left.
Suddenly he's back
reassuring and strong.
I'm puzzled and don't know
what made him change his mind.
He's moody and restless;
he knows well he can't go
anywhere anyway.
I dare him to leave me.

*This poem was first published in the book *Liberation Poetry: An Anthology,* edited by Tontongi and Jill Netchinsky, Trilingual Press, Cambridge, MA, September 2011.

My son*

My son
my blood
my friend,
from my loins you inherited life;
so the sun you could admire
so knowledge you could have
so happiness you could enjoy.
Together we counted the hours,
braided the ribbon of day
for week to become month,
month to become year.

My son
my blood
my friend,
good planning
wrong estimation.
Your reality turned into nightmare
shut in the dimension
of the inner side of your brain.
Sometimes your guardian angel
takes a vacation and leave,
then your nerves bend like an arc
about to blow up your brain.
Tears in eyes
I watch you suffer,
but you don't know my suffering,
my heart torn with pain
to see your mind always locked up
like in a prison.

My son
my blood
my friend,
you're neither my sin

nor my chastisement,
I rather think
you're my happiness,
I rather think
I'm your friend;
although plans of your future
seem to be misplaced
in the Supreme Being's filing cabinet,
yet you know how to spread
the fertilizer of joy
that grows
in the heart of people
who loves you.
Scholar
unemployed worker
or schizophrenic,
in any way
I love you very much;
but if ill-luck knocks on our door,
mom and dad passed away,
your guardian angel, my son,
will have to look for help
in heaven.

*Translated from Haitian Creole by the author from «Nan Tan Malouk... When The Going Gets Tough...», Kiki Wainwright 2003.

The old man and his dog

I didn't see them today,
I used to see them every day,
in the shade of the *flamboyant tree,*
I couldn't miss this daily routine,
it's in my neighborhood in Port-au-Prince.
One can see them there, every morning,
this poor old man and his dog.
The *Akasan* vendor named Tina,
a good old woman with her angel smile,
always makes sure they have breakfast:
him, his biscuit and coffee,
then a bowl of Akasan.
The dog could be satisfied with whatever was left
from the *fritay* of the night before,
that is fried green plantains, fried fish, *griyo,*
and everything was free for them,
—they're lucky, the old man and his dog—
It goes without saying
that Tina had two businesses,
one in the morning and one at night.
The old man, a homeless soul,
had no family, no friend,
except his dog and Tina.

I didn't see them today,
the old man and his dog.
I should expect that,
life's a bitch;
misfortune has no horn like a car
to prevent danger or death.
I didn't see them today, neither did I see Tina.
I've learned she passed away last night
with a heart attack.
Life's a damn bitch.

The fight

Time of chaos
the chaos of time
time of wounds
wounds of the time.

The fight of life
a life to fight for
a life to hope
a time to die.

Turbulent sea

Listen to the wind
listen to the rumble of the storm
listen to the cry of the masses
listen to the bird's song
listen to the grinding of the teeth.

We're all on the boat of life
pitching and rolling
tear the sky
and the scraps fall on the blue liquid
unaccustomed noises haunt our dream
of freedom.

Wake up comrade
time to eradicate the imbroglio
the nonsense
the absurd
time to walk on the sea
standing tall
without fear.

The kiss

(dedicated to O.V.)

Youth time, yesteryear,
time wandering in my memory; a year, a month,
a day, an hour,
I no longer remember, but, of the kiss I do.
Wet kiss,
sweet and salty kiss.

Blue, emerald sea, under the blue roof of the ocean.
Your hand in mine, swinging at the rhythm of the
waves;
hugging and kissing you passionately.
Your warm and succulent lips
giving me dizzy spells.
Wet kiss,
sweet and salty kiss.

Your face lighting up
and reflecting the brilliance of the sun
on your ivory teeth.
Your eyes in mine,
your never-ending smile printed for a long term
in my memory.
You were poetry on the sea,
love song, real happiness.
Wet kiss,
sweet and salty kiss.

They are kisses we never forget,
minutes of happiness which never wear off our
memory
and of use to us in a moment of sadness,
of social imbroglios
or in the twilight of our life.

There's no life without love.
Love is powerful,
so is time.

Native land

Risky our itinerary according to their plan,
our daybreak still on hold.
Our compass destroyed—an inside job—
monitored by them, the starry states.
This looks like a prologue...
In fact,
I'm from this part of the world,
this sunny and beautiful black pearl,
which Monroe decided is his country's domain.
Instead of preventing aggression and occupation,
from European states,
the starry states get into the habit
of doing exactly this:
interfering in other nations' internal affairs.
Intervention and occupation of Haiti:
1915 to 1934
1994 to 1995
2004 till now by MINUSTAH
under the umbrella of the U.S.

I'm from this part of the world,
Haiti, my homeland
where beauty, natural richness and cheap labor,
have aroused curiosity and envy
from imperialist countries.
Our independence from France,
a slap in the face of the world.
How dared we?
Yes, how dared you, Haiti,
with your army of "cannibals"?
so spoke Thomas Jefferson
referring to the great army of Toussaint Louverture.

...and then, came *Jean-Jacques Dessalines*,
our legendary general,

who routed *Napoleon Bonaparte*'s army.
Independence of Haiti, a blow to the mind of the West:
isolation, embargoes.
Recognition, a headache to the world.
21 years for France to recognize Haiti,

Shame!
58 years from the U.S. to recognize Haiti,
Shame!
Great Britain, worried about its plantations in Jamaica,
waited and waited but did follow the gang.
Shame!
Spain with its colonial empire in Latin America
and the Caribbean, couldn't afford recognition right away
but did follow the gang after all.
Shame!
...and then, France, you forced us
to pay you in order for you to recognize our independence.
Shame!
Shame on you, France,
we were your inexhaustible loft,
we made you rich and prosperous,
and in return you wanted to keep us in slavery.

Oh no France, we didn't buy our independence,
we took it on the battle field by beating up your ass.
We were bad news to the West
and good news for Humanity.
But now,
corruption's climbing the chart,
incompetence's stopping progress;
politicians at home are destroying our image,
dark clouds are covering the sky of our destiny.

I'm from this part of the world,
which helped so many nations in so many ways:
The siege of Savannah,
volunteers from Haiti—then *Saint Domingue—
Chasseurs-Volontaires de Saint Domingue,*
fought side by side with other foreign nations
for U.S. independence.
History doesn't relate everything,
it's biased against third world countries
like Haiti who dared too much,
standing tall in the face of imperialism.
Talking about helping building a nation,
Jean Baptiste Point du Sable,
a native of Saint-Marc, Haiti,
founder of Chicago.

Talking about helping to build a nation,
Haiti helped Simon Bolivar
with the independence of Venezuela,
and both flags, Venezuelan and Colombian
were made in *Jacmel*, Haiti.

Talking about helping to build a nation,
during the Holocaust,
Haiti issued passports to Jewish families
to leave Germany.

Talking about helping to build a nation,
Haiti was the country who voted
for Israel to become a state.

Talking about to build a nation,
Greek nationalists had Haiti's support
against the Ottoman Empire in 1822,
since both countries shared history of oppression
from imperialism.

Should I say more?

My poem goes through the maze of history,
the history of my country,
like a troubled soul, questioning, searching.
My poem seems to be out of breath,
not my native land,
certainly not.

The step

The world would have lived
a century and more,
that my people
would have seen the daylight
from only one eye.

The bird would have sung
one hundred thousand dawns
and a hundred days,
that my people
would have not penetrated
the harmony.

Time would have passed,
hope would have faded,
that my people
would not have asked
the stone to bleed
its drops of wisdom.

Love, wisdom,
have produced happiness for some;
ambition, power,
have produced wealth for others
and sometimes misfortune;
but everybody should be aware of the step
which separates turmoil
from serenity.

Remonstrance

This is not a story,
I can't start by saying "Once upon a time."
This is not fiction and the time is now.
Talking about a job, good life, money, house, car,
what you see is not necessarily what you get.
Not all smiles are genuine,
not all handshakes are sincere,
not all hugs are warm,
not all applications for a job are guaranteed,
not all foreigners are welcomed,
not all citizens have a place to sleep.

This is not a story,
and sometimes you'll be surprised,
what you see is what you get,
a country of extremes:
too hot or too cold,
too dry or too damp,
too tolerant or too demanding,
too hung up or too relaxed,
too rich or too poor,
too racist or too humanitarian.
I accept humanism as a way of life,
and I don't think one can be too humanist.

This is not a story,
we're talking about the beautiful country
of Uncle Sam my adopted country;
big cities, large expressway
gigantic skyscrapers concrete and steel
skyscrapers licking clouds
where capitalism is alive and ferocious.
Certain words come to mind,
words associated with greed, power, and sometimes
crime,

like HOUSING,
TAXATION,
INSURANCE, no matter what type,
acronyms like IRS, IMF, CIA, FBI,
words and acronyms that give you goose bumps and cold sweat.
This is you, America, with no makeup, no nonsense;
you're not fiction but brutal reality.
Huge are your wings to fly over the world,
sharp is your beak like all voracious birds,
strong are your legs and claws to grip your prey;
fly
fly
fly
but watch out yank,
yankee
yankee doodle
yankeedom,
capricious is the wind,
unexpected is the storm.

You know the seas above and under,
you know the oceans above and under,
you know the shape of the waves,
you know the sky all latitude and longitude,
you know all the continents,
you know all countries big or small,
especially the small ones,
you know plains, mountains and rivers,
you know all topographies on the planet.

You watch, spy on people and other countries,
you control
you order
you plot
you enter with or without invitation;
you like war although you are in denial,

you like to display your power,
you like to destroy other countries without
rebuilding,
you like to stamp out the little ones,
you like to divide and conquer.

I don't like your arrogance,
your way of dictating
commanding
controlling.
I know you don't give a damn
of what I think of you, but,
don't be surprised,
yank
yankee
yankee doodle
yankeedom,
you the imperialist,
don't be surprised if one day,
the milk turns sour,
your claws get arthritis,
your wings loose some feathers
and your beak is broken;
for capricious is the wind,
unexpected is the storm
and the oppressed masses,
under the standard of liberation,
will thwart your intention of hegemony.

A Bridge over two centuries

Genesis of liberation is well under way,
the seeds scattered on the bushy way
have germinated to the surprise
of the scrub land keepers.
Guerillas are important for Revolution.
Many have tried,
many have failed,
some have succeeded.
The blood of the just
will germinate the seed of Justice and Liberty.
As time goes by,
humanity will see that you haven't failed
but gained in the battle for Liberation.

Some epic names come to mind:
Thomas Sankara takes his hat off to Maurice Bishop,
Maurice Bishop takes his hat off to Salvador Allende,
Salvador Allende takes his hat off to Che Guevara,
Che Guevara takes his hat off to Jacques Stephen Alexis,
Jacques Stephen Alexis takes his hat off to Fidel Castro,
Fidel Castro takes his hat off to Benoit Batraville,
Benoit Batraville takes his hat off to Charlemagne Peralte.

I also take my my hat off to you, I salute you, knights of modern time,
brave souls who don't bend before the imperialist.

Biographical Note

Frantz Kiki Wainwright is a musician/composer, singer, poet, writer, storyteller, novelist, comedian, playwright, former dancer/choreographer whose artistic life spans over 60 years. Wainwright has published several books in Haitian Creole, French and English. His writing is also featured in several anthologies.

As a musician, Kiki Wainwright is known in Haiti and abroad. His successful "hits" include "23 Nèg Vanyan," a song about the plight of the Haitian refugees; "Séverine" and "Bòs Prevo." He was the composer for the well-known Haitian musical group "Les Shleu Shleu" of popular hits such as "Haïti, mon pays" and "Haïti, terre de soleil»."

Wainwright has spent a great part of his life performing on stage as an actor in the United States, in Haiti and in Canada. We have seen Kiki in *Antigone an Kreyòl* by Félix Morisseau-Leroy; *D.P.M. Kanntè* by Jan Mapou; *Reclaiming Choukoun* by Bob Lapierre with Kiki as the great Haitian poet Oswald Durand and many other plays…

Wainwright earned an Associate Degree in Business Management at the Manhattan Community College in 1980, and a Bachelor's Degree in Social Science at FIU in 1988. Kiki Wainwright is now retired from the administration of the State of Florida, and serves as the Vice-President of Sosyete Koukouy in Miami, a literary movement founded in Haiti in 1965. He continues to write and publish.

Tablo kontni
Table des matières
Table of contents

Tanbou Liberasyon

Batay	9
Peyi m.	10
Pawòl pale	12
Rasin	14
Refijye	16
Eskize m Marilou	17
Bravo fanm	19
Krikrit mwen	21
Tan	23
Koutchapo pou Kal Levèk	24
Pou lavi ka tounen	26
Lomeyans pou yon fanm vanyan	27
Chak kou nou te kontre	29
Sous mwen	30
Kasay	31
Grandou a pase	32
Bèk fè	35
Kote n prale	37
Kite kè w pale	38
Lavi chen	39
Li ta li tan, Natali	42
Silans	43
Dekò	44
Annavan	45
Nòt biyografik	46

Tambour de la Libération

La lessive 49
Chanson pour l'aube 51
Spirales. 53
Yanvalou. 55
Rythmes 56
Disssonance. 58
La lutte 59
Lettre à un camarade 61
Requête pour l'Aube 65
Le décor 66
Entracte 73
Le Caméléon 74
Semailles 77
Note biographique 79

Drum of Liberation

The Blacksmith 83
This painting is a mess... 86
On the way 87
Talking about… 88
Single parent 89
The gardener 91
Lost dream. 92
Dialogue with my pillow 93
Anguish 94
Conflict 95
Marvelous nature 96
Negro Spiritual 97
A farewell. 99
Untitled 100
The tireless maroon 102
In season 103

Heads or Tails	104
In the factory	105
The gendarme	107
My friend, my brother	108
The imprint	110
Quicksand	111
Dead End	112
Chain reaction	114
Passport to Paradise	115
The long expectation	117
Encounter	118
Spring's song	119
Summer of love	120
If you asked me	121
Scream	123
Hope	125
My son	126
The old man and his dog	128
The fight	129
Turbulent sea	130
The kiss	131
Native land	132
The step	136
Remonstrance	137
A Bridge over two centuries	140
Biographical Note	141

Lòt piblikasyon nan Près Trileng
Autres parutions dans Presse Trilingue
Other releases by Trilingual Press

Patrick Sylvain
Anba bòt kwokodil
[Woman, 2015]

Denizé Lautute
Les Dards empoisonnés du dénizen
[Poèmes, 104 pages, 2015]

Tontongi
Sèl pou dezonbifye Bouki
[Esè, 2014]

Franck Laraque
L'instrumentalisation de la pensée révolutionnaire
[Essais en trois langues, 552 pages, juillet 2014]

Ewald Delva
Adelina
[Woman an kreyòl ayisyen, 194 paj, jen 2014]

Fred Edson Lafortune
An n al Lazil
[Koleksyon powèm ann ayisyen, 116 paj, me 2014]

Anne-Marie Bourand Wolff
La colline des adieux
[Roman, 220 pages, janvier 2014]

Cheo Jeffery Allen Solder
One4deBrovahs
[Essays, 150 pages, December 2013]

Charlot Lucien
La tentation de l'autre rive / Tantasyon latravèse
[Poèmes, 116 pages, oktòb 2013]

Tontongi
In the Beast's Alley
[Poems 210 pages, October 2013]

Georges Jean-Charles
Jacques Stéphen Alexis, romancier de Compère Général Soleil
[Essais 364 pages, mars 2013]

Patrick Sylvain
Masuife
[Koleksyon powèm, 100 pages, mas 2013]

Nicole Titus
Plato / Platon : Apology, Crito, Phaedo / Apoloji, Kriti, Fedo
[Translation/Tradiksyon, 100 pages, desanm/December 2012]

Doumafis Lafontant
Krik ? Krak ! Dèyè Mòn Gen Mòn / Mountains Behind Mountains
[Bilingual collection of poems, 134 pages, Desanm/December 2012]

Frantz-Antoine Leconte
René Depestre : du chaos à la cohérence
Contributeurs: Robenson Bernard, Etienne Télémarque, Bernadette Carré Crosley, Eddy Magloire, Amy J. Ransom, Clément Mbom, Sarah Juliet Lauro, Cauvin Paul, Silvia U. Baage et Léon-François Hoffman. [Anthologie d'essais, 354 pages, 2012]

Tontongi and Jill Netchinsky
The Anthology of Liberation Poetry
Contributors: Joselyn M. Almeida, Ali Al-Sabbagh, Marc Arena, Soul Brown, Richard Cambridge, Neil Callender, Berthony Dupont Martín Espada, L'Mercie Frazier Patricia Frisella, Regie O'Hare Gibson, Marc D. Goldfinger, Calvin Hicks, Gary Hicks, Jack Hirschman, Everett Hoagland, Paul Laraque, Daniel Laurent, Denizé Lauture, Danielle Legros Georges, Tony Medina, Jill Netchinsky-Toussaint, Tanya Pérez-Brennan, Thomas Phillips, Ashley Rose Salomon, Margie Shaheed, Cheo Jeffery Allen Solder, Patrick Sylvain, Aldo Tambellini, Tontongi, Askia M. Touré, Tony Menelik Van Der Meer, Frantz "Kiki" Wainwright, Brenda Walcott, Anna Wexler, and Richard Wilhelm. [Anthology of poems, 320 pages, January 2010]

Tontongi
Poetica Agwe
Essays, Poems and Testimonials on Resistance, Peace, and the Ideal of Being / Esè, powèm e temwayaj sou rezistans, lapè e ideyal nanm nou / Essais, poèmes et témoignages sur la résistance, la paix et l'idéal d'être [A trilingual edition / Yon edisyon an twa lang / Une édition trilingue [420 pages, 2011]

Doumafis Lafontant
After the Dust Settles
[Bilingual collection of poems / Koleksyon powèm bileng (English-Ayisyen), 136 pages, Fall 2010]

Marie-Thérèse Labossière Thomas
Clerise of Haiti
[Novel, 378 pages, 2010]

Dr. Vinod A. Mittal
Low Back Pain And Low Back Care
An edition in five languages (English, Hindi, Spanish, Haitian, and Portuguese) **Contributors:** Priti V. Mittal, Altagracia P. Mayers, Idi Jawarakim, Patricia B.P. Dos Santos. [Medical advice, 82 pages, 2009]

Franck Laraque
Paul Laraque : Éclaireur de l'aube nouvelle
Contributeurs : Josaphat-Robert Large, Frantz-Antoine Leconte, Hughes St-Fort, Max Manigat, Frantz Latour, Jean Métellus, Jean Prophète, René Depestre, Robert Garoute, Gérard Pétrus, Claude Pierre, Elie Leblanc, Jr., Gary Klang, Karèn Bogat, Georges Jean Charles, Denizé Lauture, Clotaire Saint-Natus, Lochard Noël, Serge François, Berthony Dupont, Papados, Jean André Constant, Danielle Laraque Arena, Jack Hirschman, Michele Laraque, Marc Anthony Arena, Hatuey Laraque Two Elk, Ashley Laraque, Max Schwartz, Prosper Sylvain, Jr., Gabrielle Vimer, Anthony Phelps, Rodney Saint-Eloi, Gérard Etienne, Eddy Mésidor, Emmanuel Gilles, Frantz Ludeke, Fritz Clermont, Camille Gauthier, Kern Delince, Raymond Chassagne, Jean Gateau, Jean Claude Valbrun, Tontongi, Jean Mapou, Roger Savain, Michel-Ange Hyppolite. [Essais, 180 pages, été 2009]

Tontongi
Voices of the Sun : The Anthology of Haitian Writers Published in the Review Tanbou / Les Voix du Soleil : Anthologie des écrivains haïtiens publiés dans la revue Tanbou / Vwa Solèy pale : antoloji ekriven ayisyen pibliye nan revi Tanbou
Contributeurs / Kontribitè / Contributors: Paul Laraque, Tontongi (Eddy Toussaint), Hugues St. Fort, Papadòs (Fritz Dossous), Jean-André Constant,

Berthony Dupont, Marc Arena, Doumafis Lafontan, Nounous (Lenous Surprice), Yvon Joseph, Patrick Louis, Edner Saint-Amour, Charlot Lucien, Emmanuel Védrine, André Fouad, Rodelaire Octavius, Janvier Lesly Junior, Bobby Paul, Jean Saint-Vil, Franck Laraque, Jack Hirschman, Lee Chance, Glodel Mezilas, Melissa Beauvery, Cathy Delaleu, Jean-Dany Joachim, Roberto Strongman, Guamacice Délice, Huguens Louis-Pierre, Vilvalex Calice, Elsie Suréna, Denise Bernhardt, Duccha (Duckens Charitable), Suzy Magloire-Sicard, Michel-Ange Hypopolite, Patrick Sylvain, Barbara Victome, Jeanie Bogart, Gary Daniel, Johnny Bélizaire, Denizé Lauture, Fred Edson Lafortune, Jamie Moon, Pierre-Roland Bain, Idi Jawarakim, Danielle Legros-Georges, Edwald Delva, Oreste Joseph, Serge-Claude Valmé, Doug Tanoury, Prosper "Makendal" Sylvain, Jr., Brian Sangudi, Anna Wexler, Marilène Phipps. Photos and paintings by / photos et peintures par / foto ak tablo pa : David Henry, Michel Doret, Don Gurewitz, Marilène Phipps, Blondèl Joseph. [Poèmes et essais trilingues, 404 pages, septanm 2007]

Tontongi with the Liberation Poetry Collective
Poets Against the Killing Fields
Contributors: Askia Touré, Aldo Tambellini, Brenda Walcott, Jill Netchinsky, Joselyn Almeida, Neil Calender, Tontongi, Anna Wexler, Gary Hicks and Tony Medina. [Anthology of poems, 170 pages, September 2007]

Patrick Sylvain
Anba bòt kwokodil
[Roman ann ayisyen, 350 paj, oktòb 2016]

Paul Germain

Love and Other Poems by Haitian Youths
Contributors: Bernadin Bastien, Célemme Biennestin, Evens Ciméa, Erlia Dessin, Elie Fortuné, Paul E. Germain, Samson Germain, Gustave Neslyn Josh, Judeline Jean Baptiste, Sandra Lamontagne, Remylus Losius, Rubens Maisonneuve, Mario Morency, Ruth Norvilus, Jonas Saint-Aubin, Emmanuel W. Védrine, Farah Paul, Wilguens Sainterling, Ebed Sainterling, Gems Dorvil, Charles Jean-Baptiste, Fabrice Mont-Louis. [Trilingual anthology of poems, 80 pages, July 2004]

Denizé Lauture

Madichon Sanba : Dlo nan Sensè a
[Koleksyon powèm, me 2003]

Livres en préparation
Liv k'ap prepare
Books in preparation (2016)

Georges Jean-Charles
L'Analyse des Arbres musiciens
[Essai d'analyse du roman de Jacques Stéphen Alexis, français, 400 pages, septembre 2016]

Tontongi
Mes prêches dans le désert : Penser Haïti à travers ses crises et ses aspirations / Prèch nan dezè m yo : Panse Ayiti nan toubiyon kriz ak aspirasyon li yo
[Collection d'essais en français et en haïtien / Koleksyon esè an fransè e ann ayisyen, 300 p. octobre/oktòb 2016]

Anne Marie Bourand Wolf
Les trésors d'Aurélie
Roman, 2016.

Kwitoya
Pawolitik
Koleksyon powèm ann ayisyen, 150 paj, oktòb 2016.

Don D. William
Flèch palmis pa fizi
Woman ann ayisyen, 100 paj, oktòb 2016.

www.ingramcontent.com/pod-product-compliance
Lightning Source LLC
Chambersburg PA
CBHW020936090426
42736CB00010B/1155